編著
一般社団法人
発達支援ルームまなび
笘廣みさき・今村佐智子

漢字の基礎を育てる
形 音 意味
ワークシート❸

漢字の読み・意味 編

読みかえ・同じ読み方（1〜3年）

かもがわ出版

表紙イラスト・デザイン／高橋哲也
本文イラスト／近藤理恵
本文デザイン・組版／菅田 亮

はじめに

　子どもたちと学習していると、漢字の苦手な子どもにたくさん出会います。そして、苦手さから「漢字ギライ」になってしまう子どもも少なくありません。「何か違った漢字になってしまう」「きれいに写せても、テストになると思い出せない」「作文に漢字を使えない」など、子どもたちの困っている状態はさまざまで、その困難さの原因を考えて効果的に支援していく必要があります。

　このシリーズは、漢字の苦手さに対して、その原因に迫りながら取り組めるように構成しました。本書は、コピーして使えます。A4に拡大コピーすると、取り組みやすくなります。

●●● 原因を探る ●●●

　漢字には、「形」「音・読み」「意味」の3要素があります。そのうち、どこにつまずきがあるのか原因を探ることから始めなければなりません。

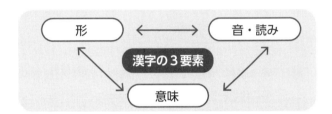

　漢字のまちがいを「形」「音・読み」「意味」のどこに原因があるか、それぞれ分類してみました。

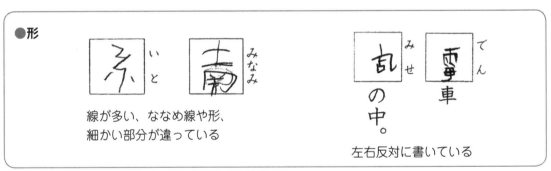

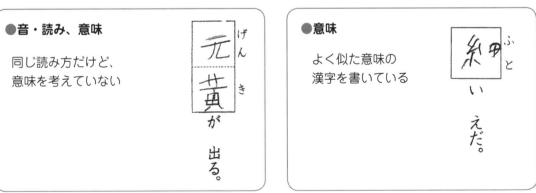

　このように、どこでつまずいているかを把握し、次にそれに対する手だてを考えます。

●●● 原因に沿った練習をする ●●●

　このシリーズでは、漢字の「形」「音・読み」「意味」の基礎を育てることを目的としています。これらの３要素に合わせて、１冊目「空間認知編」、２冊目「漢字の形・読み編（１～３年生の漢字）」、３冊目「漢字の読み・意味編（１～３年生の漢字）」４冊目「漢字の形・読み編（４～６年生の漢字）」とし、各々のつまずきに対して必要なところから、ステップ別にワークシート式で取り組めるようにしました。本書では、３冊目「漢字の読み・意味編（１～３年生の漢字）」の続編として４年生で習う漢字（2020年度指導要領に基づく）を収録しています。効果をあげるためには、まず、指導者が原因を探ります。そして指導者が子どもに必要な声かけや支援をし、コミュニケーションをとりながら取り組ませることが大切です。

●１冊目「空間認知編」
　形をとらえるために大切な「空間認知力」を育てます。さらに形を記憶する練習もします。
　①点つなぎ：見本を見て、点をつないで形を書く。
　②図形模写：見本を見て、形を写す。

●２冊目「漢字の形・読み編」（１～３年生の漢字）
　漢字として形をとらえ、読み方（音）と結び付けていきます。
　①漢字さがし：よく似た漢字の違いに注目し、線でつなぐ。漢字と読みを書く。
　②漢字のまちがい見つけ：見本と見比べて、漢字のまちがいを見つけ、正しい漢字を書く。

●３冊目「漢字の読み・意味編」（１～３年生の漢字）
　漢字の意味を考えて、読んだり書いたりします。
　①漢字の読みかえ：文に合わせて、同じ漢字の読みを書く。
　②同じ読み方：意味を考えて同じ読み方の漢字を書く。

●４冊目「漢字の形・読み編」（４～６年生の漢字）　＊本書よりUDフォントを採用
　２冊目「漢字さがし」「漢字のまちがい見つけ」の４、５、６年生の漢字を使った学習。

●５冊目「漢字の読み・意味編」（４年生の漢字）
　３冊目「漢字の読みかえ」「同じ読み方」の４年生の漢字と「都道府県名」の漢字の学習。

　ノートに漢字をひたすら書いて練習するのではなく、「漢字は楽しい」と感じられるようになれば幸いです。学校や家庭で、それぞれのつまずきの原因に合ったシリーズから、みなさまに活用されることを願っています。

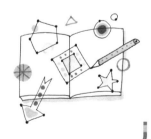

もくじ

- ●はじめに　3
- ●漢字の音（読み）・意味とは？　6
- ●ワークシートの使い方［漢字の読みかえ］　8
- ●ワークシートの使い方［同じ読み方］　10
- ●解答　181
- ●おわりに　200

漢字の読みかえ

- ① 1-1～23（1年生）　……………… 12～34
- ② 2-1～50（2年生）　……………… 35～84
- ③ 3-1～60（3年生）　……………… 85～144

同じ読み方

- ① 1-1　……………………………………… 146
- ② 2-1～14　……………………………… 147～160
- ③ 3-1～20　……………………………… 161～180

漢字の音（読み）・意味とは？

　『漢字の基礎を育てる形・音・意味ワークシート①―空間認知編』（以後、ワークシート①）で取り上げた「空間認知力の弱さ」やワークシート②で取り上げた「漢字の形の把握の弱さ」に、特に問題がなくても漢字の苦手さを訴える子はたくさんいます。文章に合った読み方で読めなかったり、同じ読みをする漢字で別の漢字を書いてしまったりするのです。それは、漢字の大きな特徴である「意味を表す文字」という点での弱さがあるからです。

　本書（ワークシート③）では、「漢字の読みかえ」と「同じ読み方」の2種類のワークシートを通して、**(1) 漢字には意味があることを意識すること、(2) 意味を考えながら漢字を想起し書くこと**をねらいとしています。

■ 漢字の意味を意識する

　漢字学習では、正しく書けているか、整った字で美しく書けているか、という点に注目されることが多く、漢字の意味を意識することに重点を置いた指導や評価はあまりされません。しかし、漢字の習得には、漢字の意味を意識することは欠かせないもので、これが抜けているために定着しないこともよく見られます。

■「漢字の読みかえ」：同じ漢字のいろいろな読みを書く

　1～3年生で学習する漢字440字が学年別に出てきます。意味を考慮して、次のような観点で、ページの構成をしました。

> ・同じ部分をもつ漢字で、音もよく似ている（例：柱、注）
> ・同じ部首の漢字で、意味としてつながりがある（例：深、流、湖、泳）
> ・形には関係ないが、関連した意味の漢字（例：東、西、南、北）

　前後の文の意味を考えながら読みがなを書いていきます。一つの漢字に、いろいろな読み方があることと、読み方が違っていても、意味は共通して使われていることが確認できるようにしていきます。

■「同じ読み方」：同じ音（同音異義語）について意味を考えて適切な漢字を書く

　同じ読みの漢字を集めているのは、「音」に反応して意味の合わない、まちがった漢字を書くのではなく、文から意味を考えて漢字を書くためです。前半の「漢字の読みかえ」の課題のように読むことができても、漢字を思い出して書くことは、最大の難関です。記憶や想起が難しい子どもたちの書くことへの抵抗を少なくするため、ヒント欄をつくっています。

本書では「漢字の読みかえ」「同じ読み方」の順になっていますが、漢字の習熟度や学年発達段階から検討して、「同じ読み方」のみ、取り組んでもかまいません。また、すべて書く必要もなく、できるところから取り組みましょう。一つの漢字に、いろいろな読み方があることや同じ読み方をする漢字が、たくさんあることに気づくことが大事です。漢字のおもしろさを感じて、楽しく取り組んでほしいと願っています。

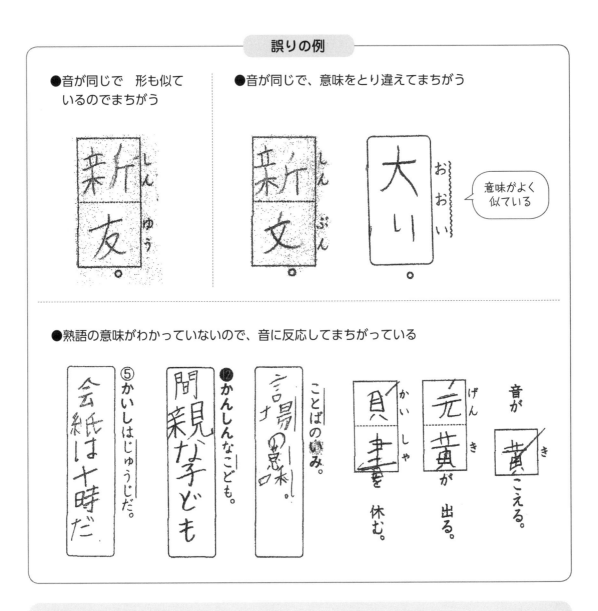

本書を使用するにあたって
- A4サイズなどに、拡大コピーして、お使いください。
- コピーして使う時に便利なように、1ページごとに月日や名前を書く欄を設けました。
- 個人がどこまで進んだかわかるように、通し番号をつけています。

ワークシートの使い方［漢字の読みかえ］

「漢字の読みかえ」は、漢字の「形・音・意味」の3要素のうち、漢字の「意味」をとらえ、さらに同じ漢字のいろいろな読み方「音」を確認していくワークです。

■ ステージの紹介

ステージは、次の3つでできています。

1	1年生で習う漢字　80字
2	2年生で習う漢字　160字
3	3年生で習う漢字　200字

各学年で習う漢字が全部出てきますが、教科書会社によって、漢字の出てくる時期が異なるため、習う順にはなっていません。従って、全部習い終わった次の学年になってから使うと、スムーズに取り組めます。習ったところのみ学習することも可能ですので、最後にある解答で、漢字を確認して使ってください。

- 番号が❸❹になっている文は、その学年ではまだ習っていない読み方です。飛ばしてもいいですし、読み方を教えながら使うこともできます。子どもに合わせてご活用ください。
- 文中の漢字に・（黒丸）が付いている漢字は、当該学年で漢字は習っているが、まだ習っていない読み方です。

■ 基本的な使い方

① 各ページには、漢字が2〜4個出ています。いろいろな読み方の文があるので、それぞれ読みがなを書きます。ただし、書くことに抵抗がある場合、読み上げるだけや指導者が代筆してもいいことにし、読むということをめあてにしましょう。［例1、2］

［例1］漢字が大嫌いな中学年

1）読むだけならと開始したが…

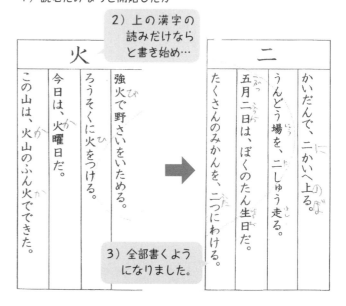

2）上の漢字の読みだけならと書き始め…

3）全部書くようになりました。

［例2］ 読み書きが苦手な高学年の使い方
1）意味を説明しながら、書かずに声に出して読んでいく
2）全部読み終わったら、出てきた読み方を上の欄に書く
3）その読み方を訓読みと音読みに区別する
⇒1つの漢字にいろいろな読み方があることを認識し、熟語の意味にも興味をもちはじめた。

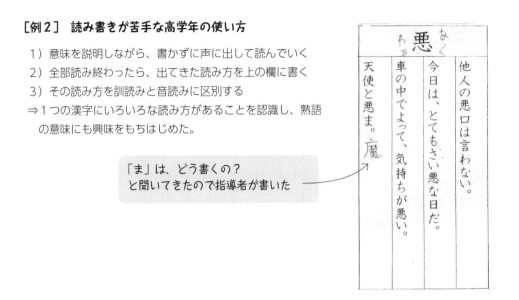

「ま」は、どう書くの？
と聞いてきたので指導者が書いた

②読みがわからないときは、ヒントを与えたり、指導者が教えてあげるようにしましょう。わからないことを辞書で調べるのはいいことですが、漢字を面倒なものと感じさせないように、このワークではヒントなどで進めていきましょう。
③読み方は違っていても、共通の意味合いがあることに、子どもが気づけるように説明をします。子ども自身から「こんな意味があるんだ」というつぶやきがあれば、その気づきが、すばらしいことを伝え、ほめてあげましょう。［例3］
④意味合いの難しいことばは、説明してあげましょう。そのときは、挿絵も使ってください。

［例3］訓読みの「かず」「かぞえる」という意味が、読み方が違っても同じであることを説明

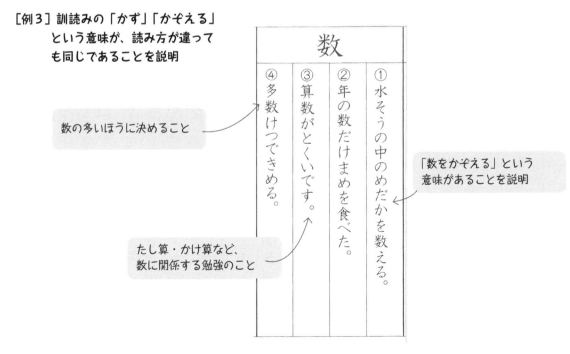

数の多いほうに決めること

「数をかぞえる」という意味があることを説明

たし算・かけ算など、数に関係する勉強のこと

ワークシートの使い方［同じ読み方］

「同じ読み方」は、漢字の「形・音・意味」の3要素のうち、漢字の「意味」をとらえて書くワークです。さらに、同じ読みだけれど意味によって異なる漢字を確認していきます。（同音異義語）

■ ステージの紹介

ステージは、次の3つでできています。

1	1年生で習う漢字のうち同じ読みの漢字	12字
2	1・2年生で習う漢字のうち同じ読みの漢字	183字
3	3年生で習う漢字のうち同じ読みの漢字（一部1・2年生も含む）	287字

各学年で習う漢字のうち、同じ読みの漢字がまとまって出てきます。従って、全部習い終わった次の学年になってから使うと、スムーズに取り組めます。

■ 基本的な使い方

①各ページに同じ読み方をする漢字がいくつかまとまって出ています。前後の文を読んで適切な漢字を書きます。左端にヒントとして漢字を提示しています。
②聞き慣れない熟語になると、意味がわかりにくい場合もあります。少し助言しましょう。［例1］
③まずは、ヒントの部分を折り曲げて見ないようにして、いくつ書けるかチャレンジさせてみましょう。わからないときには見ていいことにします。
④はじめから見ないで書くことが難しい場合、ヒントを見ながら書くようにします。文から意味を考え、どれが適切な漢字か考えることが大事です。

■ 応用編

ステージ3では、1、2年ですでに習った同じ読みの漢字を思いだすことができるか聞いてみましょう［例2］。

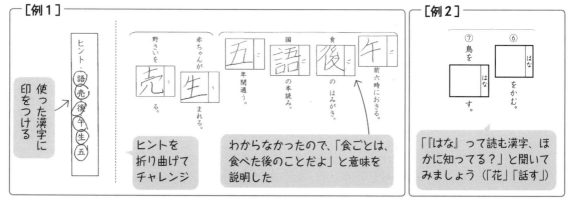

漢字の読みかえ

1 2 3

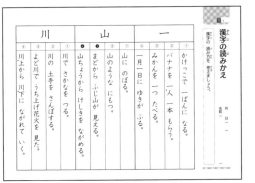
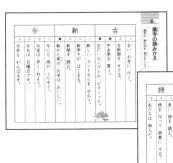

七				上				下			
①	②	③	④	①	②	③	④	①	②	③	④
七月七日（なながつなのか）は 七夕（たなばた）です。	トランプで 七（しち）ならべを する。	まどから 七（なな）いろの にじが 見（み）える。	まめを 七（なな）つたべる。	さむいので 上（うわ）ぎを きる。	ビルの おく上（じょう）に 上（のぼ）る。	二かいへ 上（あ）がる。	年上（としうえ）の 人には けいごを つかう。	ともだちと いっしょに 下校（げこう）した。	かいだんを 下（くだ）って ち下しつに いく。	一ぽ、うしろに 下（さ）がる。	下（した）を 見（み）ながら かいだんを 下（お）りる。

1-1 漢字の読みかえ

月　日（　）
名前（　　　　　　　）

漢字の 読み方を 考えましょう。

一	①	かぞいで 一ばんに なる。
	②	バナナを 一人 一本 もらう。
	③	みかんを 一つ だべる。
	④	一月一日に ゆきが ふる。
山	①	山に のぼる。
	②	山のような にもつ。
	❸	まどから ふじ山が 見える。
	❹	山ちょうから けしきを ながめる。
川	①	川で さかなを つる。
	②	川の 土手を さんぽする。
	③	よど川で うち上げ花火を 見た。
	④	川上から 川下に ながれて いく。

漢字の読みかえ

漢字の読み方を考えましょう。

二	①	えんぴつを 二しゅう する。
	②	ケーキを 二つに きる。
	③	五月二日は わたしの たん生日だ。
土	①	土を こねる。
	②	ねん土で だんごを つくる。
	❸	ひろい 土ちを たがやす。
火	①	ろうそくに 火を つける。
	②	きょうは 火よう日だ。
	③	火山が ふん火する。
水	①	花に 水を あげる。
	②	水そうに 水を 入れる。
	③	水てきが ポタポタと おちる。

漢字の読みかえ

漢字の 読み方を 考えましょう。

三	①	いちごを 三こ もらう。
	②	二人三きゃくで はしる。
	③	三月三日は ひなまつりです。
田	①	田んぼで かえるが なく。
	②	田はたで さくもつを そだてる。
	③	水田で 田うえを する。
力	①	おすもうさんは 力もちだ。
	❷	力けんさを する。
	❸	かい力の もちぬし。
男	①	男の子が 生まれる。
	②	男女の なかが よい。
	❸	ちょう男の 入学しきに いく。

漢字の読みかえ

漢字の 読み方を 考えましょう。

四	①	四月から 四年生に なる。
	②	こえが 四けん だいている。
	③	あめを 四こずつ くばる。
犬	①	かわいい 子犬が 三びき いる。
	②	犬が 犬ごやに 入る。
	❸	もうどう犬は かしこい。
貝	①	貝がらを ひろう。
	②	まき貝も 二まい貝も 貝の なかまだ。
	③	「貝」と「見る」は よくにた かん字だ。
虫	①	虫かごに 虫を 入れる。
	②	こん虫ずかんで 虫を しらべる。
	③	ちょうちょの よう虫は 青虫だ。

漢字の読みかえ

漢字の 読み方を 考えましょう。

五	①	りんごを 五つ かった。
	②	わたしは 五人かぞくだ。
	③	五月五日は 子どもの日だ。
石	①	小石を ひろう。
	❷	ルビーも ダイヤモンドも ほう石だ。
	❸	じ石を こくばんに つける。
竹	①	竹の子を ゆでる。
	②	竹うまに のる。
	❸	竹わを だべる。
音	①	川の ながれる 音が きこえる。
	❷	音がくの べんきょうを する。
	❸	きれいな ピアノの 音色。

漢字の読みかえ

漢字の 読み方を 考えましょう。

六	①	さいふに 六こ すずだ。
	②	かぶと虫が 六ぴき いる。
	③	六月六日は いもうとの たん生日だ。
子	①	小さな 子どもが まい子に なる。
	②	男子と 女子に わかれる。
	❸	犬の 様子を かんさつする。
字	①	かん字の べんきょうを する。
	②	すう字を かく。
	③	メールで 文字を うつ。
学	①	大学生に あいさつを する。
	②	二学きが はじまる。
	❸	えい語を 学ぶ。

1-7 漢字(かんじ)の読(よ)みかえ

月　日（　）
名前（　　　　　　　　）

漢字の 読み方を 考えましょう。

七	①	まめを 七つ だべる。
	②	まどから 七いろの にじが 見える。
	③	トランプで 七ならべを する。
	④	七月七日は 七夕(たなばた)です。
上	①	年上の 人には けいごを つかう。
	②	にかい 上がる。
	③	ビルの おく上に 上る。
	❹	さむいので 上ぎを きる。
下	①	下を 見ながら かいだんを 下りる。
	②	ともだちと いっしょに 下校した。
	❸	ほうこうに 下がる。
	❹	かいだんを 下(くだ)って ちかしつに いく。

漢字の読みかえ

漢字の 読み方を 考えましょう。

八	①	みかんを 八つも たべた。
	②	八月八日に 花火大かいが ある。
	③	八百やさんで 大こんを かう。
町	①	小さな 町に すむ。
	②	町の まん中に ふん水が ある。
	❸	町内の そうじを する。
村	①	村人は みんな しんせつです。
	②	村中の 人が あつまる。
	❸	村ちょうに あう。
本	①	本気で 本よみの れんしゅうを した。
	②	日本は うつくしい くにです。
	③	三本の えんぴつと 一本の 赤えんぴつ。

漢字の読みかえ

漢字の 読み方を 考えましょう。

九	①	やきゅうは 九人で チームを つくる。
	②	九九を おぼえる。
	③	九月九日は きゅうきゅうの日です。
赤	①	赤い おりがみで 花を おった。
	②	かわいい 赤ちゃんが いる。
	❸	赤はんを だべた。
青	①	空が 青い。
	②	水いろは 青の なかまです。
	❸	しんせつな 青年に あう。
白	①	白い ようぎを きる。
	❷	ほうちょうで 白さいを きる。
	❸	おばあちゃんの 白がを 見つけた。

漢字の読みかえ

漢字の 読み方を 考えましょう。

十	①	こうえんに 子どもが 三十人 いる。
	②	十日ごに かえる よていです。
	③	あめを 十こ もらった。
百	①	おじいさんは 百さいです。
	②	百人いじょうの 人が きた。
	③	おつりは 六百円です。
千	①	ぜんぶで 千二百人 きます。
	②	三千円 はらった。
	❸	千代紙で つるを おる。
金	①	ちょ金ばこに お金を 入れる。
	②	はり金で くさりょうを つくった。
	❸	金あみで おもちを やく。

漢字の読みかえ

1-11

月　日（　　）
名前（　　　　　　　　　）

漢字の 読み方を 考えましょう。

小	①	小さな 花が さいて いる。
	②	小とりが なく。
	③	小川が ながれて いる。
	❹	ランドセルを せおった 小学生。
中	①	はこを あけて 中を 見る。
	②	町の まん中に こうえんが ある。
	❸	空中に 上げる。
	❹	しゅう中して 本を よむ。
大	①	大きな こえで はなす。
	②	こちらが 大きいです。
	③	おかしくて 大わらいを した。
	❹	なわとびの 大かいが ある。

漢字の読みかえ

漢字の読み方を考えましょう。

木	①	これは 木で つくった いすです。
	②	木よう日の 三じかん目は 音がくだ。
	③	大木の 下に あつまる。
	④	木かげで 休む。
林	①	林の 中を さんぽする。
	②	ざつ木林に けもが いる。
	③	アマゾンの み つ林を だんけんする。
	④	竹林で 竹の子が とれます。
森	①	森の 木を きる。
	②	青森けんで とれた りんごです。
	③	みんなで「森のくまさん」を うたう。
	④	森林よくを する。

漢字の読みかえ

漢字の読み方を考えましょう。

日	①	あさっては 日よう日だ。
	②	早おきして 日の出を 見た。
	③	まい日 え日きを かく。
	❹	休日は おみせが 休みです。
月	①	お月見を する。
	②	月よう日に よていを もって いく。
	③	四月に さくらが さいた。
	④	こんやは 三日月が 出て いる。
年	①	一年二くみの きょうしつ。
	②	らい年は 入さいに なる。
	③	年がじょうを 出す。
	❹	お年玉を もらう。

漢字の読みかえ

1-14

月　日（　　）
名前（　　　　　　　　）

漢字の 読み方を 考えましょう。

口	①	口ぶえを ふく。
	②	入り口から 入って 出口から 出た。
	❸	日本の 人口は 1おく人より おおい。
目	①	目ぐすりを さす。
	②	目玉やきを つくる。
	❸	今年の 目ひょうを たてる。
耳	①	耳を すまして きく。
	②	この ニュースは はつ耳です。
	③	耳が いたいので 耳びから にく。
足	①	犬の 足あとを 見つけた。
	❷	えん足に いく じゅんびを する。
	❸	足しざんの べんきょうを する。

漢字の読みかえ

漢字の 読み方を 考えましょう。

夕	①	夕やけが とても きれいだ。
	②	夕日が しずむ。
	③	夕しょくで おかわりを した。
名	①	あい手の 名まえを きく。
	②	名ふだに 名字を かく。
	③	なわとびの 名人に なる。
花	①	花だんに 花の たねを まく。
	②	花火を うち上げる。
	③	虫が 花ふんを はこぶ。
草	①	草むらで あそぶ。
	②	ざっ草を ぬく。
	③	ほうれん草を ゆでる。

漢字の読みかえ

漢字の 読み方を 考えましょう。

入	①	プールに 入る。
	②	ジャムを びんに 入れる。
	③	おし入れに ふとんを しまう。
	④	入学しきで うたを うたう。
出	①	ごみを 出す。
	②	出口を さがす。
	③	八時に 出ぱつした。
	④	雨の中 がい出を した。
手	①	右手で 字を かく。
	②	人手が 足りない。
	③	ともだちと あく手を する。
	④	字が 上手に かけた。

漢字の読みかえ

漢字の 読み方を 考えましょう。

右	①	どうろの 右がわを あるく。
	②	はだを 左右に ふる。
	③	つぎの こうさてんを 右せつする。
左	①	左足で ボールを ける。
	②	左手で 左目を かくす。
	③	本やさんの かどを 左せつする。
立	①	かた足で 立つ。
	②	とりが とび立った。
	③	ぜんいん きりつして あいさつを した。
見	①	山が 見える。
	②	見本を 見せる。
	③	こうじょうの 見学を する。

漢字の読みかえ

漢字の 読み方を 考えましょう。

正	①	正しい こたえを いう。
	②	しせいを 正す。
	③	お正月には はつもうでに いく。
	④	クイズに 正かいする。
	⑤	正じきに はなす。
	⑥	正に 正ぎの みかただ。

生	①	百さいまで 生きる。
	②	赤ちゃんが 生まれる。
	③	しあわせな 生かつを おくる。
	④	草が 生える。
	⑤	一生の おもい出に なつだ。
	⑥	生むぎ 生こめ 生たまご。

漢字の読みかえ

漢字の 読み方を 考えましょう。

天	①	天気よほうを 見る。
	②	天じょうが たかい。
	③	あの人は 天さいだ。
	❹	天の川は ほしが いっぱい ある。
空	①	空を 見上げて 空気を すう。
	②	青空に 白い くもが うかぶ。
	❸	ごみばこに 空きかんを すてる。
	❹	はこの 中は 空っぽです。
雨	①	雨が ふりはじめる。
	②	大雨が ふる。
	❸	雨がさを もって いく。
	❹	えん足は 雨天の ため えんきです。

漢字の読みかえ

漢字の 読み方を 考えましょう。

円	①	五百円玉を あつめる。
	②	コンパスで 円を かく。
	③	一まん円さつで はらう。
	❹	円い おぼんに のせる。
玉	①	玉入れを する。
	②	玉ねぎを いためる。
	③	けん玉で あそぶ。
車	①	車から おりる。
	②	でん車に のる。
	③	車こに 車を とめる。
	④	きゅうきゅう車が はしって きた。
	⑤	かざ車が まわる。

漢字の読みかえ

漢字の読み方を 考えましょう。

人	①	えきに 人が 多い。
	②	ていしゃじょうは 三人だ。
	③	人ずうを かぞえる。
	④	日本人と アメリカ人。
	❺	一人ぐらしを している。
女	①	ここは 三人とも 女の子だ。
	②	イギリスの 女王。
	③	女子と 男子に わかれる。
	❹	じゆうの 女がみを 見に いく。
王	①	王さまの めいれいに したがう。
	②	王子さまに 出あう。
	③	王かんを つける。

漢字の読みかえ

漢字の読み方を考えましょう。

休	①	なつ休みに うみに いく。
	②	体を 休める。
	③	休じかんに 一休みする。
	❹	学校は たいふうのため 休校です。
文	①	さく文を かく。
	②	十一月三日は 文かの日です。
	❸	文しを かう。
	❹	文字を よむ。
校	①	小学校に かよう。
	②	校ちょう先生に あいさつを する。
	③	校かを うたう。
	④	校ていで とびばこを した。

漢字の読みかえ

漢字の 読み方を 考えましょう。

先	①	先生の はなしを きく。
	②	先とうを あるく。
	③	ゆび先に けがを した。
糸	①	はりに 糸を とおす。
	②	毛糸で マフラーを あむ。
	③	おすしに もん糸だまごを のせる。
早	①	早ね早おきを する。
	②	早口ことばに ちょうせんする。
	③	早ちょうに ランニングを する。
気	①	空気が きれいで 気もちが いい。
	②	あしたの 天気は はれです。
	③	かぜで 休む気が する。

2-1 漢字の読みかえ

月　日（　　）
名前（　　　　　　　　　）

漢字の 読み方を 考えましょう。

古	①	古い お寺に 行く。
	②	古新聞を すてる。
	❸	中古車を 買う。
	❹	古代エジプトの ピラミッド。
新	①	新しい ランドセルを せおう。
	②	新学きが はじまる。
	③	新聞を 読む。
	❹	新がた県の お米は おいしい。
今	①	今にも 雨が ふりそう。
	②	今夜は 早く ねよう。
	③	今日は 日曜日です。
	④	今年も がんばるぞ。

漢字の読みかえ

漢字の 読み方を 考えましょう。

言	①	お礼を 言う。
	②	ひとり言を 言う。
	❸	でん言を たのまれる。
	❹	日本には たくさんの 方言が ある。
話	①	父は えい語が 話せる。
	②	あい手の 話を よく 聞く。
	③	赤ちゃんの せ話を する。
	④	手話の べん強を する。
読	①	ざっしを 読む。
	②	教科書を 音読する。
	③	図書室で 読書を する。
	❹	文に 句読点を つける。

漢字の読みかえ

月　日（　）
名前（　　　　　　　）

漢字の 読み方を 考えましょう。

週	①	来週 遠足に 行く。
	②	一週間は 七日です。
	③	週まつは 雨が ふるらしい。
	④	週かんしを 読む。
曜	①	きのうは 火曜日だ。
	②	来週の 土曜に 会う やくそくをする。
	③	今日は 何曜日ですか。
	④	日曜大工で いすを 作った。
用	①	友だちに 用が ある。
	②	さっさと 用じを すませる。
	③	火の用じん。
	❹	新しい 方ほうを 用いる。

漢字の読みかえ

漢字の 読み方を 考えましょう。

東	①	東むきに 家を たてる。
	②	東北地方に 雪が ふる。
	③	東西に 川が ながれて いる。
西	①	太ようは 西に しずむ。
	②	かん西べんを 話す。
	❸	西ようと ヨーロッパの 国ぐにです。
南	①	えきの 南がわに 交番が ある。
	②	高そく道ろが 南北に 走る。
	③	南きょくを たんけんする。
北	①	北風が ふく。
	②	台風が 北上する。
	③	北海道の 雪まつりは ゆう名です。

漢字の読みかえ

漢字の 読み方を 考えましょう。

春	①	春の 日ざしが あたたかい。
	②	春休みに つくえの せい理を する。
	③	春分の日は 三月に ある。
夏	①	夏休みが 楽しみです。
	②	春夏秋冬。
	❸	夏至は 昼が 長く 夜が みじかい。
秋	①	コスモスは 秋に さきます。
	②	九月に 秋分の日が ある。
	③	秋田県は 米作りが さかんです。
冬	①	冬休みに スキーを した。
	②	クマが 冬みんを する。
	③	冬季オリンピックが ひらかれる。

漢字の読みかえ

漢字の読み方を 考えましょう。

太	①	ほねが 太くて じょうぶだ。
	②	大じな ところを 太字で 書く。
	③	のこぎりで 丸太を 切る。
	④	太こを たたく。
細	①	細い 道を 歩く。
	②	目を 細める。
	③	ねぎを 細かく きざむ。
	④	細ぼうが 分れつする。
毛	①	かみの毛を とく。
	②	まゆ毛と まつ毛。
	③	毛ふを かける。
	④	羽毛ぶとんは かるい。

漢字の読みかえ

月　日（　）
名前（　　　　　　　）

漢字の　読み方を　考えましょう。

心	①	心から おれいを 言う。
	②	元気な あいさつを 心がける。
	③	間に合うか 心ぱいです。
	④	外国に かん心が ある。
思	①	うれしく 思う。
	②	思いやりを もつ。
	③	思い出が たくさん できる。
	❹	ふ思ぎな ことが あった。
楽	①	きゅう食が 楽しみだ。
	②	楽しい 音楽を ながす。
	③	楽きを 鳴らす。
	❹	いすにすわると 体が 楽になった。

漢字の読みかえ

漢字の 読み方を 考えましょう。

多	①	人が 多い。
	②	この本は 多くの人が 読んで いる。
	③	多少の ちがいが ある。
少	①	今年の つゆは 雨の 日が 少ない。
	②	コップに 少しずつ 水を 入れる。
	❸	少人数で べん強する。
歩	①	歩道を 歩く。
	②	公園を さん歩する。
	❸	新しい 道を 歩む。
走	①	家の まわりを 走る。
	②	犬が 走り出す。
	❸	きょうそうに 出場する。

漢字の読みかえ

月　日（　　）
名前（　　　　　　　　）

漢字の 読み方を 考えましょう。

寺	①	森の おくに 古い寺が ある。
	②	お寺の かねを 鳴らす。
	③	お寺に 五じゅうのとうが ある。
	❹	インドの 寺いんに 行く。
時	①	今は 話を 聞く 時です。
	②	時間を 大切に つかう。
	③	ばんごはんまで 一時間 ある。
	④	すな時計で 三分 はかる。
自	①	自分の 名前を 言う。
	②	自ゆうちょうに 絵を かく。
	③	自ぜんを 大切にしよう。
	❹	自ら 考えて 行どうする。

漢字の読みかえ

漢字の 読み方を 考えましょう。

前	①	前の 人の まねを する。
	②	一人前に なる。
	③	午前八時に 家を 出る。
	④	前回の あらすじを 聞く。
後	①	後ろの 方に すわる。
	②	明日の 天気は 晴れ後くもりです。
	③	後半に とく点を 入れた。
	④	食後の デザートを 食べる。
	⑤	後回しに する。
午	①	正午は 昼の 十二時の ことです。
	②	午後には 雨が 上がる。
	③	午前中に 買いものに 行く。

漢字の読みかえ

2-11

月　日（　　）
名前（　　　　　　　　　　）

漢字の 読み方を 考えましょう。

牛	①	ぼく場に 牛が いる。
	②	子牛が 生まれる。
	③	毎日 牛にゅうを のむ。
	④	カレーに 牛肉を 入れる。
馬	①	馬に またがって 走る。
	②	竹馬で あそぶ。
	③	馬車が 走る。
	④	じょう馬の れんしゅう。
魚	①	魚やさんで 魚を 買う。
	②	海で 魚を つる。
	❸	とび魚が ジャンプして いる。
	❹	「人魚ひめ」の 絵本を 読む。

漢字の読みかえ

漢字の 読み方を 考えましょう。

鳥	①	小鳥が 二羽 いる。
	②	ツバメは わたり鳥です。
	③	白鳥が とんで いた。
	④	じん社の 鳥いを くぐる。
鳴	①	電話が 鳴る。
	②	大きな 音を 鳴らす。
	③	牛の 鳴き声が 聞こえる。
	❹	ひ鳴を 上げる。
羽	①	鳥が 羽を ひろげる。
	②	白鳥が みずうみで 羽を 休める。
	❸	ときを 羽おる。
	❹	ダウンジャケットには 羽毛が 入っている。

漢字の読みかえ

漢字の読み方を考えましょう。

内	①	はこの 内がわに 紙を はる。
	②	妹は 内気な せいかくです。
	❸	校内の そうじを する。
	❹	道あん内を する。
外	①	家の 外に 出る。
	②	外国に 行く。
	③	ボタンを 外す。
	❹	もんだいが 思いの外 むずかしい。
肉	①	うんどうを して きん肉を つける。
	②	カレーには 牛肉や ぶた肉を 入れる。
	③	肉やさんで コロッケを 買う。
	④	犬の 足には 肉きゅうが ある。

漢字の読みかえ

漢字の 読み方を 考えましょう。

買	①	ぬいぐるみを 買う。
	②	スーパーで 買いものを する。
	③	しなものを 売買する。
	④	広い 土地を 買しゅうする。
売	①	バナナを 売る。
	②	売り上げが のびる。
	③	新しい 本が はつ売される。
	④	売店で ガムを 買う。
店	①	お店やさんごっこを する。
	②	店番を たのむ。
	③	コンビニの 店長に なる。
	④	りょう理店で ちゅう文する。

漢字の読みかえ

漢字の 読み方を 考えましょう。

父	①	父の くつを せんたくした。
	②	父と 母に かんしゃする。
	③	お父さんの ふくを えらぶ。
	❹	祖父の 家に 行く。
母	①	母の日に プレゼントを わたす。
	②	今日は お母さんの たん生日です。
	③	分数の 分母と 分子。
	④	祖母は おばあちゃんの ことです。
親	①	親子で プールに 行く。
	②	親ゆびの つめを 切る。
	③	親せきの おばさんに 手紙を 書く。
	❹	親しい 友人と 食じを する。

漢字の読みかえ

漢字の読み方を 考えましょう。

妹	①	妹の めんどうを 見る。
	②	姉と 妹は なかが よい。
	③	妹は まだ 三才です。
	❹	ふた子の 姉妹。
姉	①	姉の つくえは いつも きれいです。
	②	姉と 兄は 大学生だ。
	③	お姉さんと 買いものに 行く。
	❹	わたしは 三姉妹の まん中です。
市	①	市場で 新せんな 魚を 買う。
	②	朝市で 公園が にぎわう。
	❸	市やくしょに 用がある。
	❹	せんきょで 市長を えらぶ。

漢字の読みかえ

漢字の 読み方を 考えましょう。

弟	①	弟が 生まれる。
	②	母の 弟の ことを「おじ」と 言います。
	③	ジュースを 兄弟で 分ける。
	❹	弟子入りする。
兄	①	わたしの 兄は せが 高い。
	②	四さいちがいの 兄が いる。
	③	お兄さんは 中学生です。
	④	わたしの 父は 三人兄弟です。
友	①	友だちと あそぶ。
	②	ぼくには 親友が いる。
	③	友じょうを 大切に する。
	④	むかしの 友人に 会う。

漢字の読みかえ

漢字の 読み方を 考えましょう。

行	①	ゆう園地に 行く。
	②	つぎの 行に 文を 書く。
	❸	よく 考えて 正しい 行いを する。
来	①	たくさんの 人が 来る。
	②	来週 引っこしを します。
	③	来年は 中学生に なる。
帰	①	くらくなったので 家に 帰る。
	②	日帰りで 東京に 行く。
	❸	早めに 帰たくした。
止	①	車が 止まる。
	②	けんかを 止める。
	❸	おまつりが 雨で 中止に なる。

漢字の読みかえ

漢字の 読み方を 考えましょう。

近	①	近くに 学校が ある。
	②	近道を 見つけた。
	③	近じょの 犬が ほえて いる。
遠	①	遠回りして 帰る。
	②	明日は 遠足です。
	③	ぼう遠きょうで 遠くを 見る。
道	①	道ばたに さつ草が 生える。
	②	より道を した。
	③	道ろを わたる。
通	①	人が 通る。
	②	通学ろを 通って 行く。
	③	心が 通い合う。

漢字の読みかえ

漢字の 読み方を 考えましょう。

家	①	家に かぎを かける。
	②	うちは 四人家ぞくです。
	③	家ちんを はらう。
	❹	犬が ももたろうの 家来に なった。
室	①	教室に 入る。
	②	室おんが 高いので まどを あけた。
	③	室内で 本を 読む。
	④	この ホテルは まん室です。
戸	①	戸だなに 食きを しまう。
	②	雨戸を しめる。
	❸	戸せきを しらべる。
	❹	電車で 神戸に 行く。

漢字の読みかえ

月　日（　）
名前（　　　　　　　　）

漢字の　読み方を　考えましょう。

黒	①	黒い マジックで 名前を 書く。
	②	まっ黒に 日やけした。
	③	黒ばんを けす。
	④	黒で ぬりつぶす。
黄	①	黄色の くつ下を はく。
	②	たまごを 黄みと 白みに 分ける。
	③	黄みどり色の クレヨンで ぬる。
	❹	たからばこの 中は 黄金だった。
茶	①	お茶を のむ。
	②	お茶わんを あらう。
	③	茶色で ぬる。
	④	茶はだけで 茶つみを する。

漢字の読みかえ

漢字の 読み方を 考えましょう。

明	①	明るい くや。
	②	夜が 明ける。
	③	ていねいに せつ明する。
	④	明朝に 出ぱつする。
光	①	星が 光る。
	②	月の 光が 夜道を てらす。
	③	日光が まぶしい。
	❹	京都を かん光する。
電	①	電気を けしてねる。
	②	電きゅうが 切れる。
	③	電げんを 入れる。
	④	かん電池を 買う。

漢字の読みかえ

漢字の 読み方を 考えましょう。

答	①	しつもんに 答える。
	②	答え合わせを する。
	③	かい答を 読み上げる。
	④	答あん用紙に 書く。
合	①	パズルの ピースが ぴったり 合う。
	②	あい手の い見に 合わせる。
	③	合計を 計算する。
	④	音楽で 合しょうと 合そうを した。
会	①	友だちと 会う。
	②	楽しく 会話する。
	③	クラスで おわかれ会を する。
	④	大きな 会場に ついた。

漢字の読みかえ

漢字の 読み方を 考えましょう。

丸	①	答えの 丸つけを する。
	②	丸い 形に 切りぬく。
	③	紙を 丸める。
	❹	だん丸が とんで くる。
角	①	三角と 四角の もよう。
	②	方角を しらべたら 北だった。
	❸	まがり角で 一だん 止まる。
	❹	トナカイには 角が ある。
形	①	星の 形を した クッキーを 食べた。
	❷	くまの 人形を プレゼントする。
	❸	正方形の 紙に 絵を かく。
	❹	この 時計は おじいさんの 形見です。

漢字の読みかえ

漢字の 読み方を 考えましょう。

絵	①	絵のぐで ぬる。
	②	毎日 絵日記を 書く。
	③	絵本を 読んで あげる。
	❹	絵画を かんしょうする。
画	①	画用紙に 絵を かく。
	②	画びょうで とめる。
	③	人気の えい画を 見た。
	④	五画の かん字を 書く。
色	①	色えんぴつを けずる。
	②	顔色が よい。
	③	十二色の 絵のぐを つかう。
	❹	きれいな 景色を みる。

漢字の読みかえ

漢字の 読み方を 考えましょう。

記	①	毎ばん 日記を 書く。
	②	学校の そう立記ねん日。
	③	九九を あん記する。
	④	文字や 記ごうを 書き記す。
語	①	国語の べん強を する。
	②	つぎは えい語の 時間です。
	❸	友だちと 語り合う。
	❹	むかし話を 語る。
国	①	せかいには たくさんの 国が ある。
	②	日本は まわりが 海の しま国です。
	③	国きを もって 入場する。
	④	外国人に 話しかけられる。

漢字の読みかえ

漢字の 読み方を 考えましょう。

算	①	算数の しゅくだいを する。
	②	かけ算を ならう。
	③	ひっ算で 計算する。
	④	あん算で 引き算を する。
数	①	水そうの 中の めだかを 数える。
	②	年の 数だけ まめを 食べた。
	③	算数が とくいです。
	④	多数けつで きめる。
計	①	計算を する。
	②	目ざまし時計の 音で おきた。
	③	お楽しみ会の 計画を 立てる。
	④	計りょうカップで 水を はかる。

漢字の読みかえ

漢字の読み方を 考えましょう。

理	①	理科で 虫の かんさつを した。
	②	理ゆうを たずねる。
	③	テレビの しゅう理を してもらう。
	④	せい理せいとんを する。
科	①	教科書を わすれる。
	②	生活科で 町の たんけんを する。
	③	遠足で 科学かんに 行った。
	④	がん科で 目の けんさを する。
社	①	兄は 社会科が とくいだ。
	②	会社の 社長に なる。
	③	社いんに もゅうりょうを はらう。
	④	じん社で おみくじを 引く。

漢字の読みかえ

漢字の 読み方を 考えましょう。

図	①	図工で 絵を かく。
	②	地図を 見ながら えきへ 行く。
	③	図書室を そうじする。
	④	図形を えがく。
工	①	工場で はたらく。
	②	午後から 図工が ある。
	③	水道工じが ある。
	④	大工が 家を たてる。
体	①	体を うごかす。
	②	二時間目は 体いくだ。
	③	体おんを はかる。
	④	しゅくはく体けんに 行く。

漢字の読みかえ

漢字の読み方を考えましょう。

風	①	風が ふく。
	②	風上から 風下に けむりが ながれる。
	③	紙風船を とばす。
	❹	お風ろに つかる。
弱	①	ぼくは じゃんけんが 弱い。
	②	弟は 弱虫だ。
	③	力を 弱める。
	④	強弱を つけて 読む。
強	①	友だちは うでずもうが 強い。
	②	風が 強まる。
	③	べん強を がんばる。
	④	強てきが あらわれた。

漢字の読みかえ

月　日（　　）
名前（　　　　　　　　）

漢字の　読み方を　考えましょう。

刀	①	刀で　切る。
	②	刀を　さやに　おさめる。
	③	さむらいは　こしに　刀を　さしている。
	❹	けん道の　れんしゅうで　木刀を　つかう。

切	①	カッターで　あつ紙を　切る。
	②	切り目を　入れる。
	③	切手を　はる。
	④	親切に　する。

分	①	道が　二つに　分かれる。
	②	ケーキを　六人で　分ける。
	③	あついので　水分を　たくさん　とる。
	❹	この　し合は　五分五分だ。

漢字の読みかえ

漢字の 読み方を 考えましょう。

門	①	門を あける。
	②	校門で あいさつを する。
	③	立ぱな 門がまえの 家だ。
	❹	わらう 門には ふく 来る。

間	①	父と 母の 間に すわる。
	②	すき間に えんぴつを おとす。
	③	人間は 考える ことが できる。
	④	スイミングに 一年間 通う。

聞	①	先生の 話を しっかり 聞く。
	②	歌声が 聞こえて きた。
	③	新聞を はいたつする。
	④	聞きとりテストを した。

漢字の読みかえ

漢字の 読み方を 考えましょう。

朝	①	朝日を 見に 行く。
	②	朝顔が さいた。
	③	朝食を 作る。
	④	早朝に さん歩する。
昼	①	十五分間 昼ねを する。
	②	昼休みに 昼食を とる。
	③	昼下がりに 休けいする。
	❹	昼夜を とわず はたらく。
夜	①	夜に テレビを 見る。
	②	夜中に 目が さめる。
	❸	今夜 にもつが とどく。
	❹	コウモリは 夜行せいだ。

漢字の読みかえ

漢字の読み方を 考えましょう。

雪	①	雪が ちらちら ふって きた。
	②	大雪が ふったので じょ雪する。
	③	雪合せんで あそぶ。
	❹	新雪を ふみしめる。
雲	①	まっ白な 入道雲。
	②	雨雲が 近づいて くる。
	③	雲行きが あやしい。
	❹	ひ行きの まどから 雲海が 見える。
晴	①	今日は 晴れです。
	②	雲一つ ない 快晴だ。
	③	晴天が つづく。
	④	見晴らしが よい。

漢字の読みかえ

漢字の読み方を考えましょう。

毎	①	毎週 一回 プールに 通う。
	②	毎日 本読みを する。
	③	毎年 マラソン大会に 出る。
	④	毎ばん お風ろに 入る。
海	①	海に もぐって 魚を 見る。
	②	海水よくに 行く。
	③	海ぞく船が 海ていに しずむ。
	④	さどがしまは 日本海に ある。
池	①	池で カメを 見た。
	②	近くに 大きな ため池が ある。
	③	電池が 切れる。
	④	ちょ水池は 水を ためる 池の ことだ。

漢字の読みかえ

漢字の 読み方を 考えましょう。

地	①	広い 土地を さがす。
	②	地きゅうは 丸い。
	③	地めんに あなを ほる。
場	①	花見の 場しょを きめる。
	②	すな場で あそぶ。
	③	うんどう場で なわとびを する。
岩	①	岩山に のぼる。
	②	大きな 岩石。
	③	岩手県は 東北地方に ある。
谷	①	谷ぞいに 川が ながれて いる。
	②	山と山の 間の 谷間に 村が ある。
	❸	けい谷の すばらしい けしき。

漢字の読みかえ

月　日（　　）
名前（　　　　　　　　　　）

漢字の 読み方を 考えましょう。

顔	①	顔を あらう。
	②	す顔を 見せる。
	③	顔色を うかがう。
	❹	ドッジボールで 顔めんは セーフ。
頭	①	お風ろで 頭を あらう。
	②	頭かくして しりかくさず。
	❸	頭つうの くすりを のむ。
	❹	地しんが おきた 時は 頭ぶを まもる。
首	①	キリンは 首が 長い。
	②	丸首の シャツを きる。
	❸	日本の 首とは 東京です。
	❹	百人一首で あそぶ。

漢字の読みかえ

漢字の 読み方を 考えましょう。

米	①	お米を とぐ。
	②	もち米を むして もちを つく。
	❸	新米を はん売する。
麦	①	麦茶を のむ。
	②	小麦こを まぶす。
	③	麦ばたけが 広がる。
食	①	きゅう食を 食べる。
	②	食たくに 花を かざる。
	③	つまみ食いを する。
半	①	玉ねぎを 半分に 切る。
	②	田の 半けいを もとめる。
	❸	十月の 半ばに 出かける。

漢字の読みかえ

漢字の 読み方を 考えましょう。

作	①	家ていか科で みそしるを 作る。
	②	作ひんを ならべる。
	③	長い 作文を 書いた。
	❹	かんたんな 作ぎょうを たのむ。
台	①	台の 上に のる。
	②	台形は 四角形の なか間だ。
	❸	台風が 近づく。
	❹	ぶ台に 立つ。
当	①	たからくじが 当たる。
	②	まとの まん中に 当てる。
	③	今週は そうじ当番だ。
	④	おべん当を 食べる。

漢字の読みかえ

漢字の 読み方を 考えましょう。

里	①	里いもを ゆでる。
	②	八月に 里に 帰る よていだ。
	③	人里はなれた 山おく。
	❹	万里の長じょうは 中国に ある。
直	①	正しく 言い直す。
	②	直せつ 会って たのむ。
	❸	直ちに 出ぱつする。
	❹	正直に 話す。
何	①	何よりも ごはんが すきだ。
	②	これは 何色ですか。
	③	今 何時ですか。
	④	りんごが 何こ あるか 数える。

漢字の読みかえ

漢字の読み方を 考えましょう。

方	①	かん字の おぼえ方を 知る。
	②	同じ 方こうに 帰る。
	③	四方八方 さがす。
	④	夕方に なる。
京	①	金かく寺を 見に 京都へ 行く。
	②	四月から 東京で くらす。
	③	東京タワーに 上る。
	❹	京阪神を りょ行する。
交	①	しんごうの ある 交さ点。
	②	交通あんぜん。
	❸	二本の 直線が 交わる。
	❹	先生も 交えて 話す。

漢字の読みかえ

漢字の 読み方を 考えましょう。

野	①	野原で 野きゅうを する。
	②	春の 野の 花。
	③	野外で きがえを する。
原	①	原っぱを 走る。
	②	野原で おべん当を 食べる。
	③	原いんを 考える。
公	①	公園の すな場で あそぶ。
	②	図書かんは 公きょうの 場しょだ。
	③	公くに おやつを 分ける。
園	①	公園の 近くに すむ。
	②	よう ち園の そつ園しき。
	③	家ていさい園で トマトを そだてる。

漢字の読みかえ

漢字の 読み方を 考えましょう。

同	①	友だちと 同じ えんぴつを 買う。
	②	わなげで 同点に なる。
	③	兄と 同時に 家を 出る。
	④	合同で たいかいする。
星	①	星空が きれいだ。
	②	一番星を 見つける。
	❸	ぼくの 星ざは てんびんざだ。
	❹	えい星ほうそうを 見る。
引	①	ドアを 引く。
	②	引っこしの 手つだいに 行く。
	③	つな引きを した。
	❹	地きゅうには 引力が ある。

漢字の読みかえ

漢字の 読み方を 考えましょう。

歌	①	歌声が ひびく。
	②	歌手に なるのが ゆめだ。
	③	校歌を 歌う。
声	①	小さな 声で 話す。
	②	大声を 出す。
	❸	声えんを おくる。
元	①	元気よく へんじを する。
	②	元から やり直す。
	③	元日から 大そうじだ。
活	①	生活科の べん強を する。
	②	虫が 活どうを はじめる。
	③	活気が ある。

漢字の読みかえ

月　日（　　）
名前（　　　　　　　　　　）

漢字の 読み方を 考えましょう。

考	①	いい 方ほうを 考える。
	②	考えごとを する。
	③	いい 考えを 思いつく。
	❹	人の い見を さん考に する。
教	①	およぎ方の コツを 教える。
	②	教室に 入る。
	③	教会の かねが 鳴る。
	④	先生に 国語を 教わる。
書	①	かん字を 書く。
	②	正しい 書きじゅんを おぼえる。
	③	書道を ならう。
	④	教科書を ひらく。

漢字の読みかえ

漢字の 読み方を 考えましょう。

汽	①	山の 中を 汽車が 走る。
	②	汽船で 海を わたる。
	③	汽てきが 鳴りひびく。
	④	夜汽車に のって 遠くへ 行く。
船	①	船が ゆれる。
	②	屋形船に のる。
	③	船長が しじを する。
	④	にもつを もやく船が きこうする。
	❺	船出を 見おくる。
万	①	一万円さつで しはらう。
	②	万げきょうを のぞく。
	③	万歩計を つけて 歩く。

漢字の読みかえ

漢字の読み方を 考えましょう。

番	①	じゅん番に ならぶ。
	②	出せき番ごうは 五番です。
	③	ついに 本番を むかえた。
回	①	おかの 上の 風車が 回る。
	②	何回も こまを 回す。
	③	二回の よていひょう。
点	①	テストの 点数。
	②	てん点を 入れる。
	③	同点で えん長せんに なる。
才	①	百才まで 生きる。
	②	かれは ギターの 天才だ。
	③	才のうを はっきする。

漢字の読みかえ

漢字の 読み方を 考えましょう。

長	①	長そでの ふくを きる。
	②	雨が ふって いるので 長ぐつを はく。
	③	買いものが 長引いた。
	④	園長先生は やさしい。
広	①	広い うんどう場。
	②	うわさを 広める。
	③	広場で 野きゅうを する。
	❹	新聞の 広こくに のる。
高	①	高い ビルの 上から 見下ろす。
	②	一人一人の いしきを 高める。
	③	気もちが 高まる。
	❹	高音を 出す。

漢字の読みかえ

月　日（　　）
名前（　　　　　　　　）

漢字の 読み方を 考えましょう。

弓	①	弓で 矢を いる。
	②	弓を 引く。
	③	弓なりに そる。
	❹	弓道を ならう。
矢	①	矢を はなつ。
	②	矢じるしの 通りに 歩く。
	③	帰ろうと した 矢先に よばれる。
	④	矢つぎ早に しつもんを する。
知	①	やり方を 知る。
	②	遠足の お知らせ。
	❸	知しきを える。
	❹	ばったり 知人に 会った。

漢字の読みかえ

月　日（　）
名前（　　　　　　　）

漢字の 読み方を 考えましょう。

組	①	二年は 四組まで ある。
	②	うでを 組む。
	③	テレビ番組を ろく画する。
	❹	強い 組しきを 作る。
紙	①	紙と えんぴつを 出す。
	②	紙ぶくろに にもつを 入れる。
	③	かべ紙を はる。
	④	用紙に 名前を 記入する。
線	①	まっすぐな 線を 引く。
	②	一直線に ならぶる。
	③	きょく線を えがく。
	④	三味線を ひく。

漢字の読みかえ

漢字の 読み方を 考えましょう。

品	①	ほしい 品物を 買う。
	②	手品を 見せる。
	③	作品を ほめられる。
物	①	落とし物を ひろう。
	②	荷物を あずける。
	③	動物園の し育員に なりたい。
具	①	文ぼう具を そろえる。
	②	工作の 道具を 買う。
	③	新しい 家に 家具が とどく。
荷	①	重い 荷物を 運ぶ。
	②	トラックの 荷台に のせる。
	③	心の 重荷に なる。

漢字の読みかえ

漢字の読み方を考えましょう。

平	①	土を ならして 平らに する。
	②	平泳ぎを する。
	③	世界の 平和を 守る。
	④	おかしを 平等に 分ける。
等	①	大きさの 等しい 図形。
	②	ケーキを 三等分する。
	③	上等な 着物を 着る。
	④	リレーで 一等に なる。
和	①	平和な 世の中を ねがう。
	②	昭和生まれの 父母。
	③	和室の ゆかは たたみだ。
	④	おすしも 天ぷらも 和食だ。

漢字の読みかえ

月　日（　　）
名前（　　　　　　　　　）

漢字の 読み方を 考えましょう。

幸	①	まい日を 幸せに くらす。
	②	幸せな 気持ちに なる。
	③	幸い 事だった。
	④	たくさん 食べられて 幸福だ。
美	①	美しい 花が さく。
	②	心の 美しい 人。
	③	あの 人は 美人だ。
	④	美じゅつ館に 行く。
真	①	真心を こめる。
	②	真冬は 寒い。
	③	先生は 集合写真の 真ん中に いる。
	④	真実は 一つだ。

漢字の読みかえ

漢字の　読み方を　考えましょう。

畑	①	畑で　野さいを　育てる。
	②	畑に　たねを　まく。
	③	畑作の　仕事を　する。
	④	お花畑を　見に　行く。
庭	①	庭に　畑を　作る。
	②	中庭に　花を　植える。
	③	家庭科で　調理実習を　する。
	④	校庭で　元気よく　遊ぶ。
農	①	農家の　人が　畑を　たがやす。
	②	農業の　勉強を　する。
	③	農村を　おとずれる。
	④	む農薬の　野さいを　食べる。

漢字の読みかえ

漢字の 読み方を 考えましょう。

葉	①	よう虫が 葉を 食べる。
	②	言葉づかいに 気を つける。
	③	秋は こう葉が きれいだ。
緑	①	緑色の 絵の具を 使う。
	②	緑茶を 飲む。
	③	五月は 新緑の きせつだ。
実	①	かきの 実が 実る。
	②	実に よい 考えだ。
	③	運も 実力の うち。
豆	①	豆つぶほどの 大きさ。
	②	豆ふは 大豆から 作られる。
	❸	大豆も 小豆も 豆の しゅるいだ。

3-6 漢字の読みかえ

漢字の 読み方を 考えましょう。

区	①	区切りを つける。
	②	他人の 物と 区別する。
	③	地区の 代表に なる。
都	①	パリは 花の 都と 言われる。
	②	大都市の 人口は 多い。
	③	都合が よい。
県	①	都道府県を おぼえる。
	②	県立の 図書館に 行く。
	③	県道を 走る。
州	①	急用で 九州へ 出かける。
	②	本州は 日本で 一番 大きな 島だ。
	③	アメリカには たくさんの 州が ある。

漢字の読みかえ

漢字の 読み方を 考えましょう。

丁	①	住所は 五丁目三番地。
	②	豆ふを 2丁 買う。
	③	ほう丁を 使って 野さいを 切る。
	④	五時 丁度に 電車が 発車する。
号	①	出せき番号じゅんに ならぶ。
	②	信号を 守って 道路を わたる。
	③	地図記号を おぼえる。
	④	新聞の 号外が 配られる。
所	①	決められた 所に 出かける。
	②	台所で 夕食を 作る。
	③	遊ぶ 場所を さがす。
	④	近所の 公園を さん歩する。

3-8 漢字の読みかえ

漢字の 読み方を 考えましょう。

反	①	体を 反らす。
	②	きそくに 反する 行動。
	③	反対の 意見を 言う。
坂	①	急な 坂を 上る。
	②	坂道を 下る。
	③	下り坂に さしかかる。
板	①	板を 切って かん板を つくる。
	②	黒板に 答えを 書く。
	③	鉄板で 肉を やく。
返	①	落とし物が 持ち主に 返る。
	②	くり返し 取り組む。
	③	大声で 返事を する。

漢字の読みかえ

漢字の読み方を考えましょう。

主	①	主な 登場人物を 言う。
	②	持ち主に 返す。
	③	店の 主人が 客を もてなす。
住	①	都会に 住む。
	②	住所と 名前を 聞かれる。
	③	町の 住みんが 集まる。
柱	①	大きな 柱が ある。
	②	電柱に ぶつかる。
	③	火柱が 上がる。
注	①	お湯を 注ぐ。
	②	出前を 注文する。
	③	おせっする 車に 注意する。

3-10 漢字の読みかえ

月　日（　）
名前（　　　　　　　　）

漢字の 読み方を 考えましょう。

君	①	君と ぼくは 親友だ。
	②	君たちの なか間に なりたい。
	③	山田君と 校庭で 遊ぶ。
	④	大阪じょうの 君主。
様	①	手紙に 田中様と あて名を 書く。
	②	王様と おひめ様の 物語。
	③	中の 様子を うかがう。
	④	水玉も様の 服を 着る。
者	①	パンダは 人気者だ。
	②	若者たちが 集まる。
	③	作者の 気持ちを 考える。
	④	学者を 目指して 勉強する。

漢字の読みかえ

漢字の読み方を考えましょう。

面	①	お面を つけて 正面を 向く。
	②	大雨で 地面が ぬれる。
	③	正方形の 面せきを もとめる。
表	①	家の 表に 立って 待つ。
	②	文章題を 図に 表す。
	③	気持ちが 顔に 表れる。
	④	ノートの 表紙に 名前を 書く。
	⑤	ゲームの 点数を 表にする。
昭	①	年号が 昭和から 平せいに なる。
	②	昭和時代の 歌よう曲。
陽	①	太陽が まぶしい。
	②	陽気な せいかくの 友。

漢字の読みかえ

漢字の 読み方を 考えましょう。

炭	①	炭は 木から 作られる。
	②	炭火で 魚を やいて 食べる。
	③	白米は 炭水化物だ。
	④	炭さんの 入った 飲み物を 飲む。
岸	①	岸べに 花が さいて いる。
	②	向こう岸に たどり着く。
	③	海岸で 貝がらを 集めた。
	④	岸ぺきに 立って 下を 見る。
島	①	日本には 多くの 島が ある。
	②	この島には 美しい 鳥が いる。
	③	半島に ある とう台に 行く。
	④	む人島を たんけんする。

漢字の読みかえ

漢字の 読み方を 考えましょう。

命	①	大切な 命を 守る。
	②	王様が 命れいする。
	③	何事にも 一生けん命に 取り組む。
死	①	かっていた 金魚が 死ぬ。
	②	生と 死に ついて 話し合う。
	③	死に物ぐるいで がんばる。
血	①	転んで 血が 出る。
	②	鼻血が 止まる。
	③	血えきがたを 調べる。
息	①	息を すったり はいたり する。
	②	少し 息苦しい。
	③	休息を とる事は 大事。

漢字の読みかえ

漢字の 読み方を 考えましょう。

病	①	「病は気から」は ことわざだ。
	②	病気に ならない ように する。
	③	病院に お見まいに 行く。
	④	重病人を 運ぶ。
院	①	病院の 前の 薬局に 行く。
	②	けんさの ために 入院する。
	③	院長先生に あいさつを する。
	④	寺院を めぐる。
医	①	駅前の 歯科医院。
	②	医者に なりたい。
	③	名医が 手じゅつを せいこうさせる。
	④	医学の 進歩は めざましい。

漢字の読みかえ

月　日（　）
名前（　　　　　　　　　　）

漢字の読み方を考えましょう。

歯	①	ねる前には 歯を みがく。
	②	歯医者さんに 行く。
	③	歯車が 回る。
	④	歯科けんしんで むし歯が 見つかる。
鼻	①	犬は 鼻が いい。
	②	鼻を かむ。
	③	鼻血が 出る。
	❹	耳鼻科に 通う。
指	①	指で 文字を 書く。
	②	親指の つめを 切る。
	③	かんとくの 指じを 待つ。
	④	東を 指す。

漢字の読みかえ

漢字の 読み方を 考えましょう。

皮	①	みかんの 皮を むく。
	②	毛皮の コートを 着る。
	③	皮ふが 弱い。
	④	皮肉を 言われる。
身	①	身の 回りを きれいに する。
	②	よい 習かんが 身に つく。
	③	身長が のびる。
	④	身体そく定が ある。
服	①	毛皮せいの 服を 着る。
	②	新しい 洋服を 買う。
	③	服そうを 整える。
	④	薬を 飲む ことを 服用と いう。

漢字の読みかえ

漢字の 読み方を 考えましょう。

投	①	ボールを 投げる。
	②	野球の 投手に なる。
	③	せんきょで 投ひょうする。
	④	投球練習を する。
打	①	ボールを 打つ。
	②	くぎを 打ちつける。
	③	次の 打者に 代わる。
	④	長打を 打つ せん手。
受	①	ボールを 受ける。
	②	しけんに 受かる。
	③	受けん勉強を する。
	④	電波を 受信する。

漢字の読みかえ

漢字の 読み方を 考えましょう。

拾	①	ボールを 拾う。
	②	くり拾いを する。
	③	落ち葉を 拾い集める。
	④	お店で さいふを 拾った。
持	①	ボールを 持つ。
	②	遠足の 持ち物を かくにんする。
	③	ハンカチを 持参する。
	④	所持金を 調べる。
取	①	ボールを 取る。
	②	漢字の 書き取りを する。
	③	むずかしい 問題に 取り組む。
	④	記者が 新聞の 取ざいを する。

漢字の読みかえ

漢字の 読み方を 考えましょう。

根	①	花は 根から 水を すい上げる。
	②	赤い 屋根の 家を さがす。
	③	八百屋で 大根を 買う。
	④	球根を 植えて 育てる。
植	①	庭に 花の なえを 植える。
	②	大きな 木が 植わって いる。
	③	植物園に 行く。
	④	植林の 仕事を 手つだう。
育	①	赤ちゃんを 育てる。
	②	すこやかに 育つ。
	③	体育大会が 行われる。
	④	大学で 教育学を 学ぶ。

漢字の読みかえ

漢字の読み方を考えましょう。

重	①	体重が 一年前より 重く なる。
	②	き重な お皿を 重ねて 運ぶ。
	③	重大な 事けんが 起きる。
軽	①	この 荷物は 軽い。
	②	軽自動車に 乗る。
	③	気軽に 返事を する。
転	①	大玉を 転がす。
	②	電車の 運転しを めざす。
	③	自転車の 車りんが 回転する。
球	①	真っすぐな 球を 投げる。
	②	地球は 自転して いる。
	③	花だんに 球根を 植える。

漢字の読みかえ

漢字の 読み方を 考えましょう。

笛	①	笛を ふく 練習を する。
	②	口笛を ふく。
	③	船の 汽笛が 聞こえる。
筆	①	太い 筆で 半紙に 書く。
	②	正しい 筆じゅんで 漢字を 書く。
	③	筆者の 考えを まとめる。
箱	①	箱の 中に 大切に しまう。
	②	筆箱に えん筆を 入れる。
	③	玉手箱を 開ける。
第	①	第一回の 大会を 開く。
	②	リレーで 第一に なる。
	③	次第に 声が 大きく なる。

漢字の読みかえ

漢字の 読み方を 考えましょう。

感	①	幸せを 感じる。
	②	先生に 感しゃする。
	③	えい画を みて 感動した。
	④	いやな 予感が する。
想	①	夏休みに 感想文を 書く。
	②	想ぞうで 絵を かく。
	③	予想が 当たった。
	④	れん想ゲームを する。
意	①	正しい 意見を 言う。
	②	意味を 調べる。
	③	明日の 用意を する。
	④	意図が 分かりにくい。

漢字の読みかえ

月 日（ ）
名前（ ）

漢字の 読み方を 考えましょう。

苦	①	息が 苦しい。
	②	苦い 薬を 飲む。
	③	苦手な 科目の 勉強を する。
	④	親に 苦ろうを かけない。
薬	①	薬を 飲むと 楽に なる。
	②	目薬を さす。
	③	薬草を とって 薬に する。
	④	火薬を まぜて 花火を 作る。
助	①	おぼれた 人を 助ける。
	②	手伝って もらって 助かった。
	③	先生の 助手を する。
	④	きゅう助に 向かう。

漢字の読みかえ

漢字の 読み方を 考えましょう。

駅	①	駅で 待ち合わせる。
	②	駅前の 電気屋で 買う。
	③	駅員に 切ぷを 見せる。
	④	次の 駅で お客が おりる。
発	①	電車が 発車する。
	②	手を あげて 発言する。
	③	活発な 男の子と 遊ぶ。
	④	ピアノの 発表会に 出えんする。
着	①	すてきな 洋服を 着る。
	②	待ち合わせの 場所に 着く。
	③	「起立、礼、着せき」と 言う。
	④	電車が とう着する。

漢字の読みかえ

漢字の読み方を考えましょう。

悪	①	気分が 悪くなる。
	②	人の 悪口は 言わない。
	③	悪人を つかまえる。
	④	病気が 悪化した。
暗	①	暗い 夜道を 歩く。
	②	トンネルの 中は 真っ暗だった。
	③	九九を 暗記する。
	④	暗算で 計算する。
悲	①	親友との わかれを 悲しむ。
	②	悲しい でき事を 話す。
	③	悲げきの ヒロイン。
	④	悲鳴を あげる。

漢字の読みかえ

漢字の 読み方を 考えましょう。

落	①	木の実が 落ちる。
	②	落ち着いて よく 考えよう。
	③	自由帳に 落書きを する。
	④	落花生の からを むく。
消	①	消しゴムで 字を 消す。
	②	ろうそくの 火が 消える。
	③	消ぼう車が 走る。
	④	けがの 消どくを する。
去	①	日本を 去る。
	②	去年から 習い始める。
	③	パソコンの データを 消去する。
	④	か去は ふり返らない。

漢字の読みかえ

漢字の読み方を考えましょう。

宿	①	きれいな宿にとまる。
	②	宿題を早めにする。
	③	合宿して練習する。
客	①	お客様を客室にあん内する。
	②	たくさんの乗客を乗せる。
	③	来客を出むかえる。
館	①	古い館に住む。
	②	旅館に客が着く。
	③	図書館は十時に開館する。
階	①	三階まで階段で上る。
	②	階下に住む人。
	③	音階をおぼえる。

漢字の読みかえ

漢字の読み方を考えましょう。

秒	①	一分は 六十秒だ。
	②	秒数を 数える。
	③	秒しんの 動く 音が 聞こえる。
	④	百メートルを 十秒で 走る。
昔	①	今と 昔を くらべる。
	②	昔の 写真を ながめる。
	③	大昔 きょうりゅうが いた。
	④	昔話を 語る おばあさん。
世	①	世の中の でき事を 知る。
	②	世界中の 人と なかよくする。
	③	動物の 世話を する。
	④	今は 二十一世きだ。

漢字の読みかえ

漢字の 読み方を 考えましょう。

童	①	児童会の 役員に なる。
	②	童話を 読む。
	③	学童クラブに 行く。
	④	童ようを 歌う。
遊	①	友だちと 公園で 遊ぶ。
	②	遊びに む中に なる。
	③	遊園地で 乗り物に 乗る。
	④	ブランコも すべり台も 遊具だ。
曲	①	交番の 角を 右に 曲がる。
	②	はり金を 曲げる。
	③	曲に 合わせて おどる。
	④	作しや 作曲を する。

漢字の読みかえ

漢字の読み方を 考えましょう。

急	①	急いで 家に 帰る。
	②	駅へ 急ぐ。
	③	急に 雨が ふって きた。
	④	急行電車に 乗る。
速	①	川の 流れが 速い。
	②	電車の スピードが 速まる。
	③	速度を 上げる。
	④	手紙を 速たつで 送る。
進	①	前に 五歩 進む。
	②	計画を 進める。
	③	この道は 進入きん止だ。
	④	行進曲に 合わせて 歩く。

漢字の読みかえ

漢字の 読み方を 考えましょう。

運	①	荷物を 運ぶ。
	②	とても 運が いい。
	③	運動会で 一番に なる。
	④	バスの 運転手に なりたい。
送	①	友だちに 手紙を 送る。
	②	漢字に 送りがなを つける。
	③	校内の 放送を よく 聞く。
	④	運送会社に つとめる。
追	①	はん人を 追う。
	②	友だちと 追いかけっこを する。
	③	料理の 追加注文を する。
	④	悪者が 追放される。

漢字の読みかえ

漢字の読み方を考えましょう。

勉	①	夜中まで 勉強する。
	②	教室で 社会科の 勉強を する。
	③	勉学に はげむ。
習	①	ピアノを 習う。
	②	習字教室で 字を 練習する。
	③	集中して 学習する。
漢	①	新しい 漢字を 習った。
	②	漢字の 筆じゅんを 学ぶ。
	③	名前を 漢字で 書く。
詩	①	長い 詩を 読む。
	②	詩を 作って 詩集に する。
	③	友だちは 詩人だ。

漢字の読みかえ

漢字の 読み方を 考えましょう。

研	①	魚について 研究する。
	②	夏休みの 自由研究。
	③	研しゅう会に 出せきする。
	④	レンズを 研ぎます。
究	①	研究所で はたらく。
	②	原いんを 追究する。
	③	真相を 究明する。
	④	究きょくの せんたくを する。
調	①	意味を 調べる。
	②	魚を 調理する。
	③	体調が 悪いので 学校を 休む。
	④	計画が じゅん調に 進む。

漢字の読みかえ

漢字の読み方を 考えましょう。

章	①	書いた 文章に 題名を つける。
	②	第一章から 第三章まで 読む。
	③	学校の 校章を つける。
題	①	算数の 問題を とく。
	②	宿題を すませてから 遊ぶ。
	③	文章題は むずかしい。
問	①	先生が 家庭ほう問に 来る。
	②	しつ問の 意味を 問い返す。
	③	問屋から 品物が とどく。
帳	①	練習帳を 買う。
	②	手帳に 予定を 書きこむ。
	③	銀行の 通帳を 金庫に 入れる。

漢字の読みかえ

月　日（　　）
名前（　　　　　　　　　　）

漢字の 読み方を 考えましょう。

開	①	まどを 開けて 空気を 入れかえる。
	②	教科書を 開く。
	③	店が 開店する。
商	①	人気の 商品を 買う。
	②	商店がいを 歩く。
	③	商売が はんじょうする。
屋	①	本屋さんが 開店する。
	②	屋根の 上の アンテナ。
	③	屋上から 町を 見る。
業	①	じゅ業中は しずかに する。
	②	手作業で 仕上げる。
	③	商業に ついて 学習を する。

漢字の読みかえ

漢字の 読み方を 考えましょう。

界	①	世界旅行が したい。
	②	一面の 銀世界。
	③	体力の げん界を 知る。
	④	しぜん界の 生き物。
局	①	近くの 薬局で 買う。
	②	ゆうびん局で 手紙を 出す。
	③	テレビ局で 歌手に 会う。
	④	けっ局 体育大会は 中止に なる。
部	①	漢字の 部首を 調べる。
	②	運動部に 入部する。
	③	お年玉を 全部 使う。
	④	本が 百万部 売れる。

漢字の読みかえ

漢字の　読み方を　考えましょう。

役	①	人の　役に　立つ。
	②	市役所に　出かける。
	③	主役を　つとめる。
	④	役目を　はたす。
係	①	きゅう食の　係を　決める。
	②	主語に　係る　言葉。
	③	図書係に　なる。
	④	かん係の　ある　人物。
員	①	全員が　集合する。
	②	しょく員室に　入る。
	③	委員会活動を　行う。
	④	まん員電車に　乗る。

漢字の読みかえ

漢字の 読み方を 考えましょう。

神	①	神様が まつられて いる。
	②	女神様が あらわれた。
	③	運動神けいが よい。
	④	山の 神社に 行く。
福	①	おには外 福は内。
	②	幸福を ねがう。
	③	お正月に 福ぶくろを 買う。
	④	福引きけんを もらう。
礼	①	お礼の 手紙を 送る。
	②	礼ぎ 正しくする。
	③	朝礼で 話を 聞く。
	④	お先に しつ礼します。

漢字の読みかえ

漢字の読み方を考えましょう。

守	①	やくそくを 守る。
	②	さい後まで 見守る。
	③	野球の 守びが うまい。
	④	る守番を 一人で する。
宮	①	お宮まいりを する。
	②	宮ぎ県と 宮ざき県を 間ちがえる。
	③	王様は 宮でんに 住む。
	❹	りゅう宮城(じょう)に 住む。
祭	①	三月三日は ひな祭り。
	②	夏祭りで 金魚すくいを する。
	③	神様を 祭る。
	④	文化祭で 出し物を する。

漢字の読みかえ

漢字の 読み方を 考えましょう。

飲	①	薬を 飲む。
	②	飲み物を 注文する。
	③	飲りょう水を 飲む。
	④	飲酒運転を しては いけない。
酒	①	お酒を 飲む。
	②	酒屋さんの 主人。
	③	赤と 白の ぶどう酒。
	④	日本酒を 売る。
油	①	油で いためたりょう理。
	②	有名な 画家の 油絵。
	③	油せいペンで 書く。
	④	石油を 買う。

漢字の読みかえ

漢字の読み方を考えましょう。

味	①	うす味の 方が 体に いい。
	②	しお味の おかしを 食べる。
	③	言葉の 意味を 調べる。
	④	てきと 味方に 分かれる。
皿	①	お皿に ケーキを のせる。
	②	皿を 数える。
	③	大皿に もりつける。
	④	四角い 皿が ある。
配	①	おかしを 配る。
	②	配られた 手紙。
	③	新聞を 配たつする。
	④	心配を かけない。

漢字の読みかえ

漢字の読み方を考えましょう。

登	①	みんなで 山に 登る。
	②	登山を する。
	③	友だちと 登校する。
	④	物語の 登場人物。
乗	①	電車に 乗る。
	②	車に 人を 乗せる。
	③	乗員乗客は 合わせて 二百人。
	④	かけ算の ことを 乗法と いう。
起	①	事けんが 起こる。
	②	ころんでも 起きあがる。
	③	起こされて ようやく 起しょうする。
	④	名前を よばれて 起立する。

漢字の読みかえ

漢字の読み方を 考えましょう。

両	①	両手で 荷物を 持つ。
	②	両親に 話す。
	③	電車の 車両を 点けんする。
央	①	公園の 中央に ふん水が ある。
	②	町の 中央部に 行く。
	③	広場の 中央に 集まる。
向	①	向こうの 山の 方を 向く。
	②	前向きに とれつに ならぶ。
	③	東の 方向に 向かう。
横	①	たてと 横の 長さを はかる。
	②	横顔の 写真を とる。
	③	横だん歩道を 歩く。

漢字の読みかえ

漢字の 読み方を 考えましょう。

深	①	山の中に 深い 池が ある。
	②	水深 二メートルの プール。
	③	深夜番組を ろく画する。
流	①	家の 横に 川が 流れて いる。
	②	急流すべりを 楽しむ。
	③	流行の 洋服を 買う。
湖	①	湖で ボートに 乗る。
	②	びわ湖は 日本一 大きい 湖です。
	③	湖面に 光が 反しゃする。
泳	①	学校の プールで 泳ぐ。
	②	平泳ぎと せ泳ぎが できる。
	③	夏休みに 水泳教室に 通う。

漢字の読みかえ

漢字の 読み方を 考えましょう。

港	①	船が 港に 着く。
	②	空港まで 自動車で 行く。
	③	ぎょ港の 近くに 魚市場が ある。
洋	①	新しい 洋服を 着る。
	②	洋食を 注文する。
	③	太平洋は 一番 広い 海です。
波	①	遠くから 波の 音が 聞こえる。
	②	地下は 電波が 入りにくい。
	③	波長が 合う。
氷	①	氷が とけて 水に なる。
	②	暑いので かき氷を 食べる。
	③	氷山の 一角。

漢字の読みかえ

漢字の読み方を 考えましょう。

暑	①	暑い 日が 続く。
	②	今年の 夏は 暑すぎる。
	③	暑中見まいの はがきを 出す。
	④	ざん暑が きびしい。
寒	①	寒い 日が 続く。
	②	寒いので 上着を 着る。
	③	寒気が する。
	④	寒中水泳で ふるえる。
度	①	温度計で 気温を はかる。
	②	今度の 土曜日に 遊ぶ。
	③	何度も よばれる。
	④	九十度の 角度。

漢字の読みかえ

漢字の 読み方を 考えましょう。

勝	①	勝負に 勝つ。
	②	ぎゃく転勝ちを する。
	③	日本が ゆう勝する。
	④	勝手に 人の 物は さわらない。
負	①	勝負に 負ける。
	②	し合に 負けて くやしい。
	③	あい手を 負かす。
	④	きずを 負う。
練	①	小麦こを 練る。
	②	計画を 練る。
	③	歌の 練習を する。
	④	ひなんくん練を する。

漢字の読みかえ

漢字の読み方を考えましょう。

始	①	新しい 一日が 始まる。
	②	花が さき始める。
	③	始ぎょう式が 始まる。
	④	し合開始の 合図。
終	①	練習が 終わる。
	②	宿題を 終える。
	③	終ぎょう式が 終わる。
	④	ドラマの さい終回。
全	①	ケーキを 全て 食べた。
	②	全く 知らない 人。
	③	全国を 旅する。
	④	かん全に 仕上げる。

漢字の読みかえ

月　日（　　）
名前（　　　　　　　　　）

漢字の 読み方を 考えましょう。

対	①	強く 反対する。
	②	次の 対せん相手が 決まる。
	③	三対一で 勝つ。
	④	ぜっ対 ちこくしては いけない。
相	①	相しょうが よい。
	②	相だん相手を さがす。
	③	手相を 見て もらう。
	❹	日本の 首相に なる。
次	①	次の ページを めくる。
	②	びわ湖に 次いで 大きい 湖。
	③	次回を 楽しみに する。
	④	本の 目次で さがす。

133

漢字の読みかえ

漢字の 読み方を 考えましょう。

鉄	①	鉄は さびる。
	②	鉄ぼうで さか上がりの 練習を する。
	③	地下鉄に 乗る。
	④	木きんと 鉄きんを えんそうする。
銀	①	銀の スプーンで 食べる。
	②	銀行に お金を あずける。
	③	金、銀、どうの メダル。
	④	銀色に 光る。
庫	①	車庫に 車を 入れる。
	②	金庫の お金を 出す。
	③	れいぞう庫から お茶を 出す。
	④	そう庫に 荷物を 運ぶ。

漢字の読みかえ

月　日（　　）
名前（　　　　　　　　　　）

漢字の 読み方を 考えましょう。

旅	①	北国を 旅する。
	②	旅人に 出会う。
	③	古い 旅館に とまる。
	④	旅行の 計画を 練る。
路	①	道路で 遊ばない。
	②	通学路に 立つ。
	③	線路ぞいの 道を 歩く。
	④	家路を 急ぐ。
橋	①	新しい 橋を かける。
	②	つり橋が ゆれる。
	③	歩道橋を わたる。
	④	鉄橋を 通る。

漢字の読みかえ

漢字の読み方を考えましょう。

湯	①	湯を わかす。
	②	湯気が 立つ。
	③	熱湯を 注ぐ。
	④	せん湯で 湯に つかる。
温	①	温かい 飲み物を 飲む。
	②	湯船に つかって 温まる。
	③	気温が 上がる。
	④	温室の 花を 見る。
有	①	有り金を 数える。
	②	有り合わせの おかず。
	③	有名な 歌手の サインを もらう。
	④	有りょうの 乗り物に 乗る。

漢字の読みかえ

漢字の読み方を考えましょう。

代	①	当番を 代わって もらう。
	②	千代紙で つるを おる。
	③	交代で 世話を する。
	④	電気代を はらう。
化	①	お化け屋しきに 入る。
	②	きつねが 化ける。
	③	化石が 見つかる。
	④	外国の 文化に ふれる。
他	①	他の 意見を 言う。
	②	他の 本で 調べる。
	③	他人に まかせる。
	④	他国の 人たちと 交流する。

漢字の読みかえ

漢字の読み方を考えましょう。

談	①	相談して 決定する。
	②	じょう談を 言って わらわせる。
	③	こん談会で 先生と 母が 話す。
申	①	王様に 申し上げる。
	②	出場を 申し込む。
	③	自分から 申し出る。
事	①	本当の 事を 話す。
	②	し育係の 仕事を する。
	③	道路工事が 行われる。
由	①	自由研究の 宿題を する。
	②	えらんだ 理由を のべる。
	③	名前の 由来を 調べる。

漢字の読みかえ

漢字の 読み方を 考えましょう。

決	①	げきの 役を 決める。
	②	多数決で 決まった。
	③	かたく 決心を する。
	④	一組と 二組が 決勝せんで 対決する。
定	①	集合の 時間を 定める。
	②	今日の 予定を 聞く。
	③	お店の 定休日だった。
	④	定か 二百円の 三角定ぎを 買う。
式	①	計算の 式と 答えを 書く。
	②	入学式に 出る。
	③	洋式トイレに 入る。
	④	正式に 決定する。

漢字の読みかえ

漢字の 読み方を 考えましょう。

集	①	落ち葉を 集める。
	②	体育館に 集まる。
	③	集中して 取り組む。
	④	集合写真を とる。
放	①	ボールを 放り投げる。
	②	鳥かごから 鳥を 放つ。
	③	放送局に 見学に 行く。
	④	校庭を 開放する。
羊	①	ぼく場で 羊を 育てる。
	②	子羊が 生まれる。
	③	羊毛の セーターを 着る。
	④	ぼく羊犬が 羊を 集める。

漢字の読みかえ

漢字の読み方を考えましょう。

使	①	大きな 紙を 使う。
	②	使いやすい はさみで 切る。
	③	体育館を 使用する。
仕	①	主人に 仕える 使用人。
	②	道路工事の 仕事を する。
	③	最後まで 仕上げる。
動	①	電車が 動く。
	②	運動会を 見て 感動する。
	③	動物の 動きを かんさつする。
待	①	駅前で バスを 待つ。
	②	待ち合わせの 時間に なる。
	③	期待して 待つ。

漢字の読みかえ

漢字の読み方を考えましょう。

級	①	学級会で 話し合う。
	②	知人から 高級な お酒を もらう。
	③	上級生と 下級生が 遊ぶ。
列	①	二列に 整列する。
	②	列に ならんで 列車を 待つ。
	③	日本列島は 南北に 細長い。
倍	①	ぼくの 体重は 弟の 倍ある。
	②	何倍も がんばる。
	③	しけんの 倍りつが 高い。
族	①	家族旅行を 計画する。
	②	親族が 集まる。
	③	水族館の 生き物。

漢字の読みかえ

漢字の 読み方を 考えましょう。

安	①	他の 店より ねだんが 安い。
	②	安売りして いる 肉を 買う。
	③	安心して まかせる。
	④	安全な 道を 歩く。
短	①	短い 文を 読む。
	②	ひもを 短く 切る。
	③	短時間で 仕上げる。
	④	長所と 短所を 知る。
期	①	期待される。
	②	二学期が 始まる。
	③	時期が 早い。
	④	遠足が えん期に なる。

漢字の読みかえ

漢字の 読み方を 考えましょう。

整	①	身なりを 整える。
	②	じゅんびが 整う。
	③	道具箱の 中を 整理整とんする。
予	①	予習と ふく習を する。
	②	明日の 天気を 予想する。
	③	し合の 予定日が 近づく。
写	①	ノートに 正しく 写す。
	②	記ねん写真を とる。
	③	風けいを 写生する。
委	①	仕事を 委ねる。
	②	委員長に えらばれる。
	③	放送委員会の 仕事を する。

同じ読み方

1 2 3

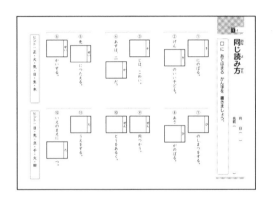
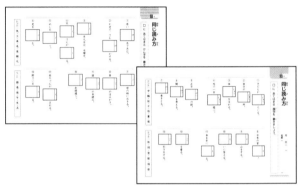

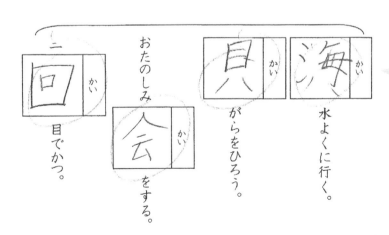

「かい」水よくに行く。を最初は、「貝」と書いたが、次の「かい」を書いたときに自分で気づいて訂正できた

1-1 同じ 読み方

□に あてはまる 漢字を 書きましょう。

① [き]にのぼる。
② [けん][き]のこども。
③ [か]じをけす。
④ あすは 五月三[か]だ。
⑤ 先[せい]につたえる。
⑥ [せい]かをする。
⑦ [ひ]のしまつをする。
⑧ あさ[ひ]がのぼる。
⑨ [せん]田しから。
⑩ [せん]とうをあるく。
⑪ [た]うえをする。
⑫ いえのまえに[た]。

ヒント：正・火・気・日・生・木
ヒント：日・先・立・千・火・田

同じ読み方

月　日（　）
名前（　　　　　　）

□に あてはまる 漢字を 書きましょう。

① 赤い [毛] 糸であむ。

② かぜで、さむ[気]がする。

③ [九]月九日は、水曜日。

④ 大[工]さんが[来]る。

⑤ あしを [組]う。

⑥ 足を [食]む。

⑦ [午]前六時におきる。

⑧ 食[後]のはみがき。

⑨ 国[語]の本読み。

⑩ [五]年間通う。

⑪ 赤ちゃんが[生]まれる。

⑫ 野さいを[売]る。

ヒント：気・工・来・毛・食・組・九

ヒント：語・売・後・午・生・五

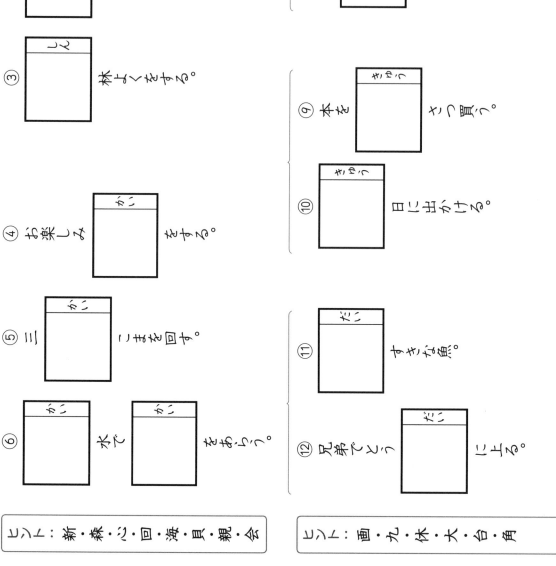

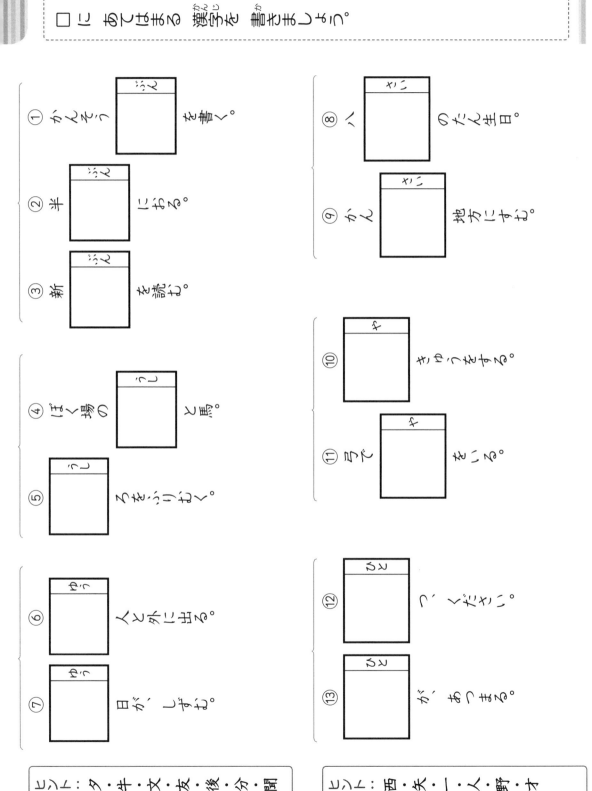

2-4 同じ読み方

□に あてはまる 漢字を 書きましょう。

① 木（こ）のはがゆれる。
② 子（こ）どもたちとあそぶ。
③ 小（こ）鳥がとぶ。
④ かえるが冬（とう）みんする。
⑤ 東（とう）西南北。
⑥ かい答（とう）を言う。　当（とう）番。

⑦ 上（じょう）空を見上げる。
⑧ うんどう場（じょう）に出る。
⑨ 国（こく）王に会う。
⑩ ほんの字を黒（こく）する。
⑪ 名（みょう）字を聞かれる。
⑫ 明（みょう）朝に出かける。

ヒント：木・子・冬・答・当・東・小

ヒント：場・名・明・国・上・黒

同じ読み方

月　日（　）
名前（　　　　　　　　）

□に あてはまる 漢字を 書きましょう。

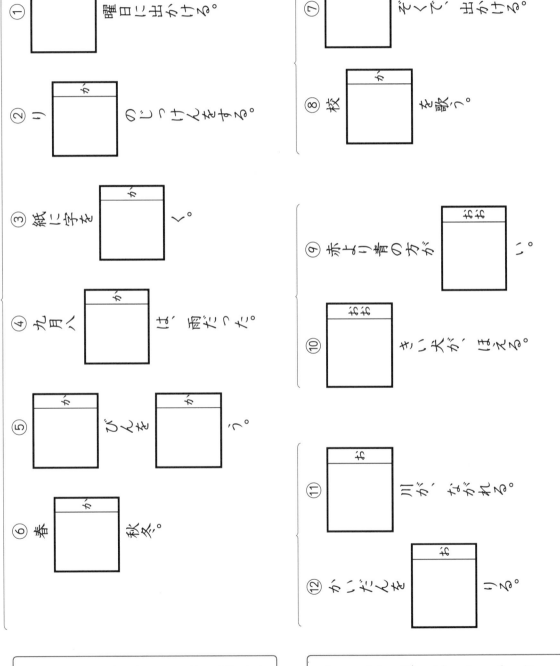

同じ 読み方

□に あてはまる 漢字を 書きましょう。

① [き]が もちがいこ朝。

② 古[き]を [き]る。

③ [き]車にのる。

④ 日[き]を書き直す。

⑤ [き]色の絵のぐ。

⑥ 歌が[き]こえる。

⑦ [しょう]学校に行く。

⑧ お[しょう]月に出かける。

⑨ 一[しょう]のおねがい。

⑩ 火の[よう]じ。

⑪ [よう]日間のりょこう。

⑫ 月[よう]日の朝礼。

ヒント： 木・聞・汽・気・記・切・黄

ヒント： 曜・小・人・正・用・生

2-7 同じ 読み方

□に あてはまる 漢字を 書きましょう。

① 谷に [あ]げる。
② 夜が [あ]ける。
③ 人と [あ]う。
④ 答えが [あ]う。
⑤ [あ]たりくじを引く。

ヒント：明・会・合・当・上

⑥ [とお]い国の話。
⑦ 人が [とお]る。
⑧ [とお]か えびすに行く。
⑨ 夕 [ひ]がきれい。
⑩ ろうそくの [ひ]をけす。
⑪ ノートに 線を [ひ]く。

ヒント：日・火・遠・引・通・十

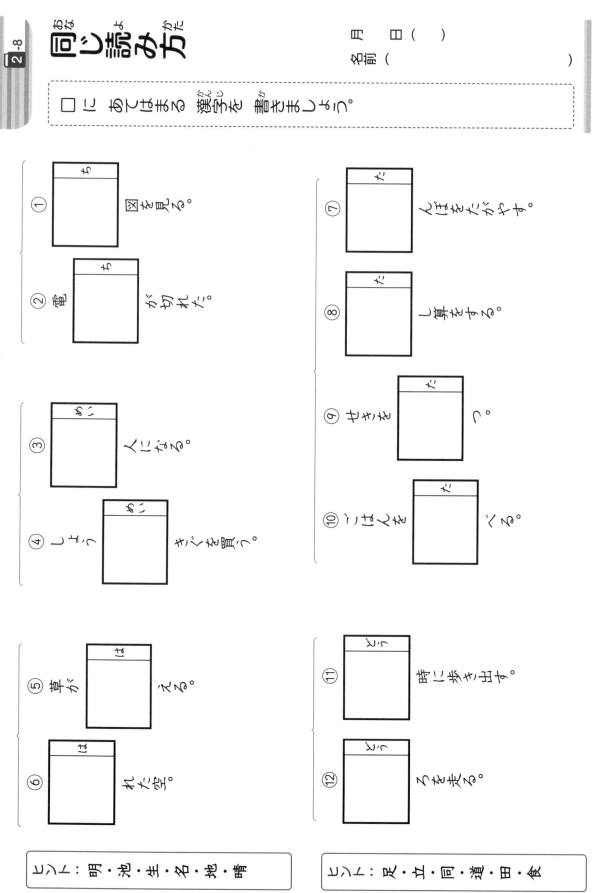

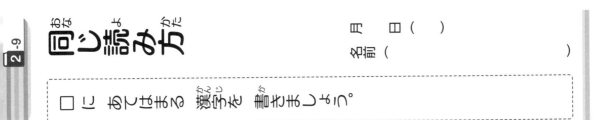
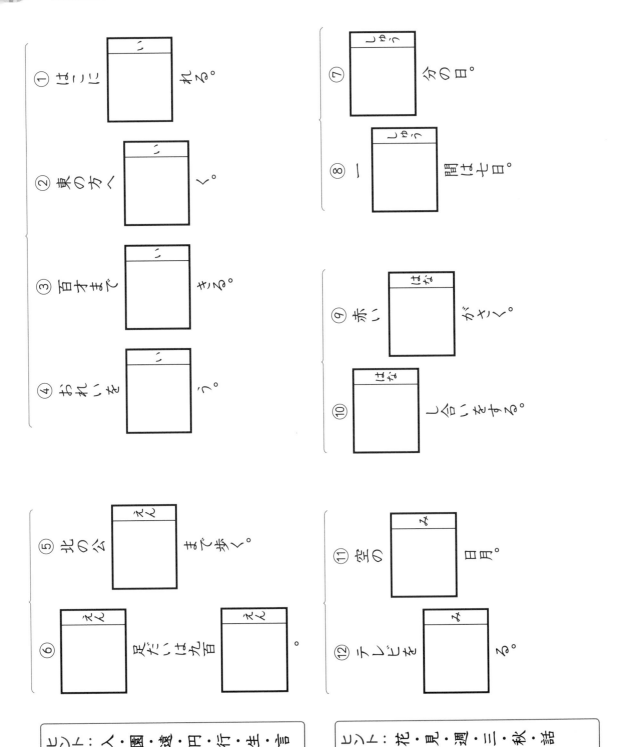

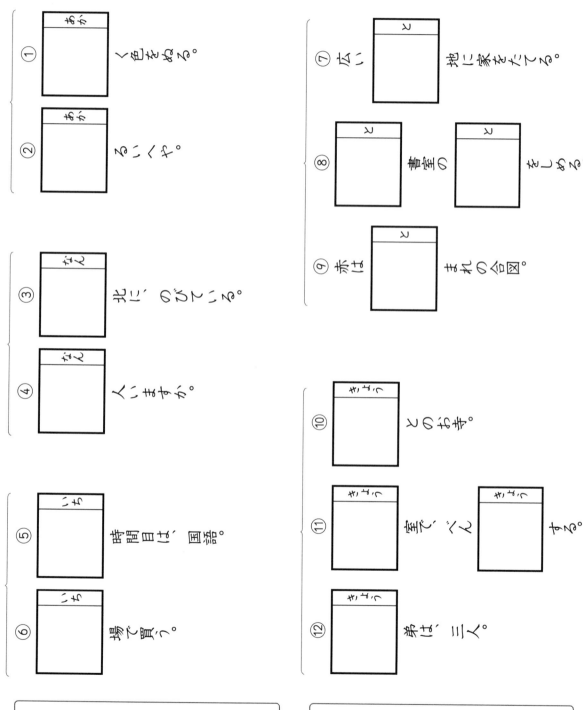

同じ読み方

□に あてはまる 漢字を 書きましょう。

① [じ]間わりを見る。

② [じ]めんをほる。

③ [じ]分で [じ]を書く。

④ 校[ちょう]先生と会う。

⑤ 白[ちょう]がとびたつ。

⑥ [ちょう]食をとる。

⑦ [がく]しゅう図かんを買う。

⑧ 音[がく]は、楽しい。

⑨ 電[しゃ]にのる。

⑩ 会[しゃ]に行く。

⑪ [てん]気がよい。

⑫ 百[てん]は、うれしい。

ヒント：地・時・長・鳥・自・字・朝

ヒント：学・社・車・天・楽・点

2-12 同じ 読み方

月　日（　）
名前（　　　　　　　）

□に あてはまる 漢字を 書きましょう。

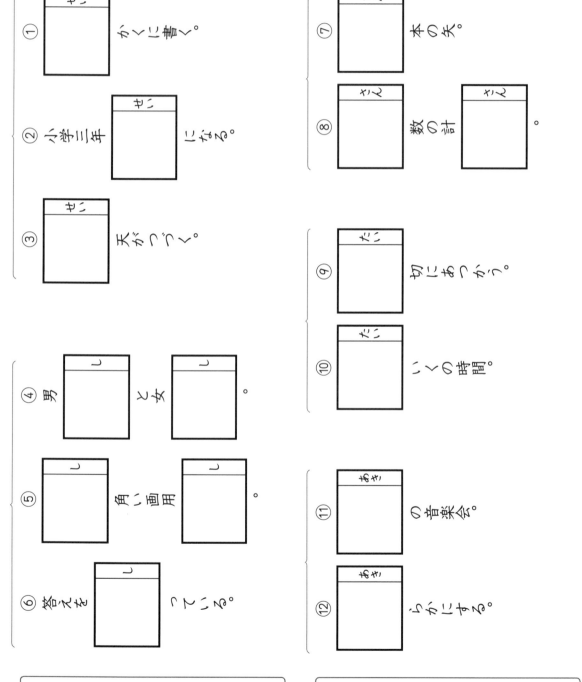

同じ読み方

月　日（　）
名前（　　　　　　　）

□に あてはまる 漢字を 書きましょう。

① [せん]　まいの紙。

② [せん]　月は いそがしかった。

③ 船の [せん]　長さん。

④ 点 [せん]　を引く。

⑤ [な]　前を言う。

⑥ 鳥が [な]　く。

⑦ 門前の [こう]　　[こう]　点。

⑧ 半 [こう]　せんに出る。

⑨ [こう]　作をする。

⑩ [こう]　園のすべり台。

⑪ [げん]　気になる。

⑫ 草 [げん]　を走る。

ヒント：名・千・船・線・鳴・先

ヒント：交・元・原・工・校・公・後

同じ読み方

□に あてはまる 漢字を 書きましょう。

① 会□（わ）がはずむ。
② おやつを□（わ）ける。
③ 大きな□（がん）石。
④ □（がん）日に出かける。
⑤ 川□（かみ）からながれる。
⑥ □（かみ）に絵をかく。

⑦ □（ばい）店でパンを買う。
⑧ 切手を売□（ばい）する。
⑨ □（と）人で本を読□（と）む。
⑩ □（と）が明ける。
⑪ カレーをちゅう□（もん）する。
⑫ 校□（もん）をあける。

ヒント：上・岩・紙・分・話・元

ヒント：門・文・四・売・読・買・夜

3-1 同じ 読み方

月　日（　）
名前（　　　　　　　）

□に あてはまる 漢字を 書きましょう。

① 子どもが ［じゅう］人いる。

② 自分の ［じゅう］所。

③ 体［じゅう］をはかる。

④ 外で 一日［じゅう］遊ぶ。

⑤ 正方［けい］の紙。

⑥ かん［けい］を考える。

⑦ ［けい］食をとる。

⑧ 日本の首［と］。

⑨ ［と］山をする。

⑩ ［と］いに答える。

⑪ 本を手に［と］る。

⑫ ［ふく］を着る。

⑬ ［ふく］引きをする。

ヒント：中・軽・住・十・形・重・係

ヒント：取・問・登・服・福・都

161

3-2 同じ読み方

□に あてはまる 漢字を 書きましょう。

① 深[夜]に雨がふった。
② 空き[家]になる。
③ 花[屋]で花たばを買う。
④ 午[前]中に帰る。
⑤ [全]校集会に出る。
⑥ 体[力]をつける。
⑦ [緑]茶を飲む。

⑧ [中]止の知らせ。
⑨ [虫]の足。
⑩ [注]意して聞く。
⑪ 円[柱]の図形。
⑫ 世[界]中の人たち。
⑬ 二[階]で勉強する。
⑭ 本屋が[開]店する。

ヒント：全・前・家・緑・屋・力・夜

ヒント：開・階・虫・中・柱・界・注

同じ読み方

□に あてはまる 漢字を 書きましょう。

① ［ひら］深ぎをする。
② 絵本を［ひら］く。
③ ［ど］曜日は家にいる。
④ 三［ど］目の正直。
⑤ ［おう］子と［おう］女。
⑥ 中［おう］に立つ。
⑦ ［おう］だん歩道を歩く。

⑧ ［かん］風を［かん］じる。
⑨ ［かん］字学習の時［かん］。
⑩ 旅［かん］にとまる。
⑪ 一［にん］多い。
⑫ 気になる［にん］がある。
⑬ 水［でん］が広がる。
⑭ ［でん］気をつける。

ヒント：横・開・央・土・平・王・度・王

ヒント：間・言・田・館・実・事・電・漢・感

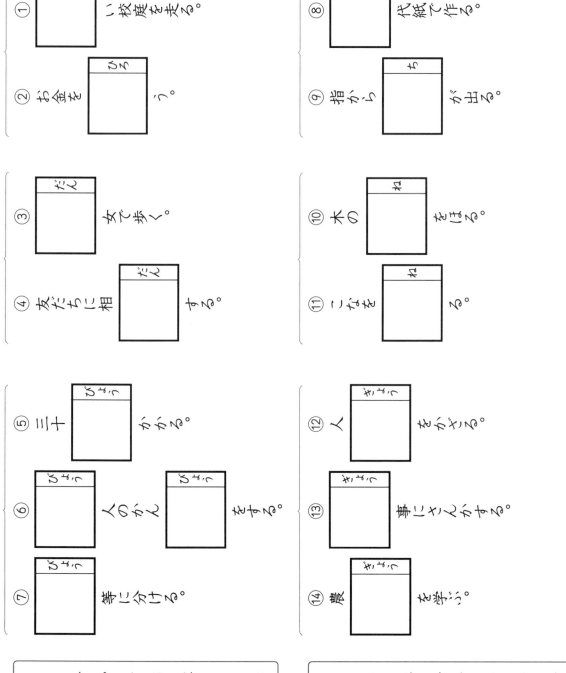

3-5 同じ読み方

月　日（　）
名前（　　　　　　　）

□に あてはまる 漢字を 書きましょう。

① 大[豆]ずを食べる。
② [図]ずエで絵をかく。
③ 番[犬]けんがほえる。
④ 社会[見]けん学をする。
⑤ 世[間]けんはせまい。
⑥ 自由[研]けん究をする。
⑦ なら[県]けんの山。

⑧ [音]おん読の宿題。
⑨ 気[温]おんが上がる。
⑩ [書]しょ道の先生。
⑪ 広い場[所]しょに集まる。
⑫ [暑]しょ中見まいを出す。
⑬ [人]じんるいの進歩。
⑭ [神]じん社におまいりする。

ヒント：豆・県・研・図・見・犬・間

ヒント：音・所・書・暑・人・神・温

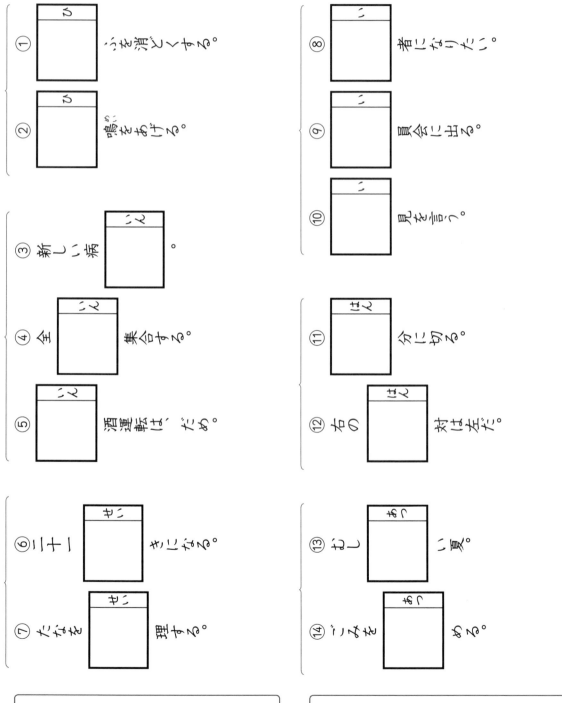

同じ読み方

□に あてはまる 漢字を 書きましょう。

① [よ]の中の人だち。
② 千[よ]紙のも様。
③ [す]る番をする。
④ 様[す]がわからない。
⑤ 大阪に[す]んでいる。
⑥ [あ]きかんをひろう。
⑦ まどを[あ]ける。

⑧ [ちょう]こくを買う。
⑨ 学校を[やす]む。
⑩ [ちょう]品をあずける。
⑪ [ちょう]内のそうじをする。
⑫ れんらく[ちょう]に書く。
⑬ 二[ちょう]目五番地。
⑭ 体の[ちょう]子がよい。

ヒント：世・守・代・住・空・開・子

ヒント：休・帳・町・重・丁・調・安

同じ読み方

□に あてはまる 漢字を 書きましょう。

① 始まりと □わり。
② 朝六時に □きる。
③ 荷物を □う。
④ □とし物をする。
⑤ 犬を □いかける。
⑥ 人気□ものになる。
⑦ □の語を読む。

⑧ 長□と次□。
⑨ □ゆう□される。
⑩ □員オーバーする。
⑪ 校□の遊具。
⑫ 九□の親せき。
⑬ □業式がはじまる。
⑭ 学□に□中する。

ヒント：終・者・起・物・落・追・負

ヒント：定・終・助・女・庭・集・習・州・女

同じ読み方

□に あてはまる 漢字を 書きましょう。

① 調[み]　りょうを入れる。
② みかんの[み]がなる。
③ てがらの[み]を守る。
④ 海[そう]を食べる。
⑤ 放[そう]の係をする。
⑥ 先生に[そう]談する。
⑦ 予[そう]がつかない。

⑧ 休日に旅[こう]をする。
⑨ [こう]速道路を走る。
⑩ 南東の方[こう]。
⑪ [こう]福な親子。
⑫ 空[こう]に着く。
⑬ 本をさん[こう]にする。

ヒント：草・相・送・身・味・実・想

ヒント：高・向・港・幸・考・行

同じ読み方

□に あてはまる 漢字を 書きましょう。

① [こん]週で終わる。
② 花だんの球[こん]。
③ [まる]いお皿。
④ ねん土を[まる]める。
⑤ [かた]見の品。
⑥ 作り[かた]をおぼえる。
⑦ 昔のことを[かた]る。

⑧ 電車の[じょう]客。
⑨ 三角[じょう]ぎを使う。
⑩ 生活が[らく]になる。
⑪ [らく]石に注意する。
⑫ 十二[しょく]のクレパス。
⑬ 朝[しょく]を用意する。
⑭ [しょく]物園のバラ。

ヒント：方・形・丸・今・根・円・語

ヒント：楽・食・落・植・定・乗・色

同じ読み方

□に あてはまる 漢字を 書きましょう。

① 番[ごう]をつける。

② 計[ごう]で二百円はらう。

③ [の]道を歩く。

④ ぎゅうにゅうを[の]む。

⑤ 客を[の]せる。

⑥ [はや]く起きる。

⑦ スピードを[はや]める。

⑧ [たい]風が近づく。

⑨ [たい]せんと決する。

⑩ 期[たい]がかかる。

⑪ 交[たい]で当番をする。

⑫ [たい]陽の光がさす。

⑬ 行進[きょく]で進む。

⑭ 薬[きょく]で薬を買う。

ヒント：飲・号・速・早・野・乗・合

ヒント：対・大・代・局・曲・台・待

同じ 読み方

□に あてはまる 漢字を 書きましょう。

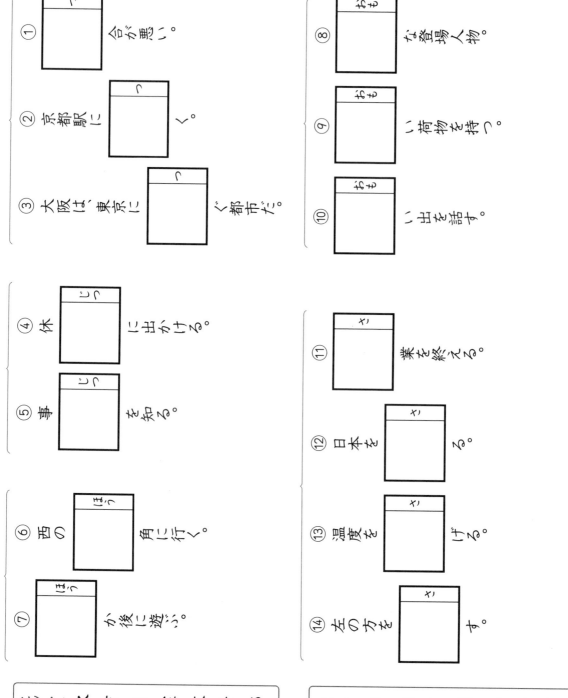

① [つ]合が悪い。
② 京都駅に[つ]く。
③ 大阪は、東京に[つ]ぐ都市だ。
④ 休[じつ]に出かける。
⑤ 事[じつ]を知る。
⑥ 西の[ほう]角に行く。
⑦ [ほう]か後に遊ぶ。
⑧ [おも]な登場人物。
⑨ [おも]い荷物を持つ。
⑩ [おも]い出を話す。
⑪ [さ]業を終える。
⑫ 日本を[さ]る。
⑬ 温度を[さ]げる。
⑭ 左の方を[さ]す。

ヒント：次・方・日・実・放・着・都

ヒント：作・去・下・指・主・思・重

3-13 同じ読み方

□に あてはまる 漢字を 書きましょう。

① 明日は、遠[足]だ。
② 休[息]をとる。
③ 車の[速]度を落とす。
④ 旅行の下[見]をする。
⑤ [親]しい仲間たち。
⑥ [酒]屋さんで買う。
⑦ 急な[坂]道を下る。

⑧ 書[写]のお手本。
⑨ 医[者]をめざす。
⑩ [真]白なシャツ。
⑪ す[間]を空けない。
⑫ 右に[曲]がる。
⑬ ゲームに[負]ける。

ヒント：足・速・酒・親・坂・息・下

ヒント：写・間・者・負・曲・真

同じ 読み方

□に あてはまる 漢字を 書きましょう。

① [しょう]和時代。
② [しょう]ぼう自動車が走る。
③ 文[しょう]を読む。
④ [しょう]負する。
⑤ [しょう]店がいを歩く。

⑥ [ふ]母と話す。
⑦ [ふ]たんをかける。

⑧ [しん]長が高い。
⑨ 行[しん]する。
⑩ [しん]海の魚。
⑪ 写[しん]をとる。
⑫ 運動[しん]けいがよい。

⑬ [どう]よう行をします。
⑭ [どう]話を読む。

ヒント：商・勝・消・父・負・章・昭

ヒント：進・動・童・深・神・真・身

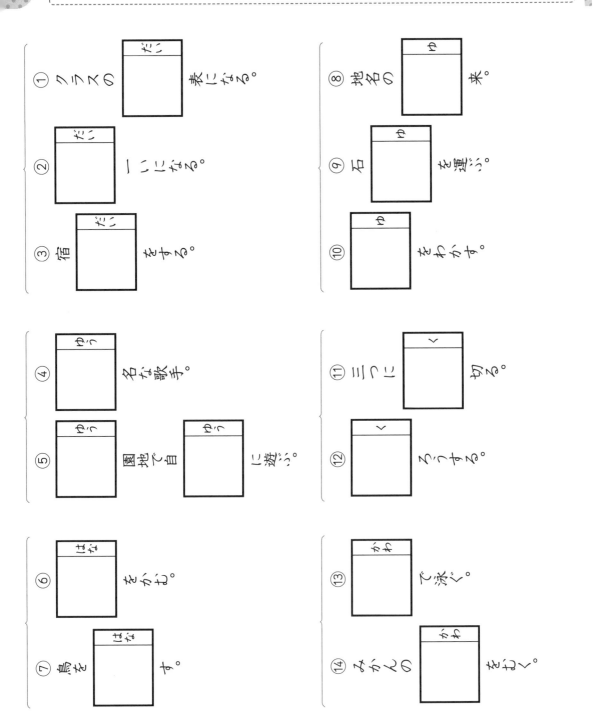

同じ読み方

□に あてはまる 漢字を 書きましょう。

① [よう]毛のセーター。
② 水玉[よう]の服。
③ 葉の[よう]みゃく。
④ [よう]気な家族。
⑤ [よう]服を着る。
⑥ [きん]魚を育てる。
⑦ [きん]所の公園。

⑧ [しゅ]人と[しゅ]人。
⑨ 百人一[しゅ]をする。
⑩ 野球の[しゅ]びにつく。
⑪ 日本[しゅ]を飲む。
⑫ 新聞の[しゅ]ざいをする。
⑬ 石[たん]をもやす。
⑭ [たん]時間で行う。

ヒント：陽・洋・金・葉・様・近・羊

ヒント：短・首・酒・取・主・炭・守・手

同じ読み方

□に あてはまる 漢字を 書きましょう。

① □（あん）ごうする。
② □（あん）算で計算する。
③ 金魚が □（し）ぬ。
④ 道具を □（し）用する。
⑤ □（し）を書く。
⑥ □（し）発の電車。
⑦ 先生の □（し）じ。

⑧ □（し）ぜんゆたかな森。
⑨ きれいな □（し）都。
⑩ 科□（し）けんと。
⑪ □（し）事にはげむ。
⑫ □（てん）員が礼をする。
⑬ 自□（てん）車に乗る。

ヒント：始・指・暗・安・詩・死・使

ヒント：仕・店・転・歯・市・自

同じ読み方

□に あてはまる 漢字を 書きましょう。

① 木を □(う)える。
② 高校に □(う)かる。
③ 球を □(う)つ。
④ 家□(じ)を急ぐ。
⑤ □(じ)回は □(じ)さんする。
⑥ すぐに返□(じ)をする。

⑦ □(やく)に立つ道具。
⑧ 花火の火□(やく)。
⑨ □(も)馬に乗る。
⑩ 本の□(も)次を見る。
⑪ か□(り)をふり返る。
⑫ 車□(り)に車を入れる。
⑬ びわ□(り)の西がわ。

ヒント：打・植・事・受・持・路・次

ヒント：役・去・湖・木・薬・庫・目

同じ読み方

□に あてはまる 漢字を 書きましょう。

① 火が [き]える。
② [き]立する。
③ 二学[き]が始まる。
④ [き]る服をさがす。
⑤ 話し合って[き]まる。

⑥ [はこ]を持つ。
⑦ 荷物を[はこ]ぶ。

⑧ [は]長があう。
⑨ 木の[は]がしげる。
⑩ [は]が[は]える。

⑪ [か]わりに走って[か]つ。
⑫ 進[か]した生き物。

⑬ きゅう食の[ばん]。
⑭ 黒[ばん]をけす。

ヒント：箱・決・期・運・起・消・着

ヒント：葉・化・代・番・波・生・歯・板・勝

同じ読み方

□に あてはまる 漢字を 書きましょう。

① □に 月に雪がふる。(に)
② □に 物を運ぶ。(に)

③ 研□室に入る。(きゅう)
④ 学□会で話し合う。(きゅう)
⑤ 王□に行く。(きゅう)
⑥ 野□の 試合に出る。(きゅう)
⑦ □行電車に乗る。(きゅう)

⑧ □□を注ぐ。(とう)
⑨ 日本□□。(とう)
⑩ 一□になる。(とう)
⑪ □手が □板する。(とう)(とう)
⑫ □ふを調理する。(とう)

⑬ □えきが流れる。(けつ)
⑭ □だんする。(けつ)

ヒント：級・急・こ・究・球・荷・宮

ヒント：決・等・投・血・湯・豆・島・登

解答

漢字の読みかえ 1年

[1-1]
一 ①かけっこで (いち) ばんに なる。
　②ひとりで (ひと)つ (ひと)つ しらべる。
　③みかんを (ひと)つ たべる。
　④(いち)がつ (ついたち)に 生まれる。

山 ①(やま)に のぼる。
　②(やま)で あそぶ。
　③むこうから あお(やま)が みえる。
　④(やま)ずみから けむりが あがる。

川 ①(かわ)で およぐ。
　②(かわ)の ながれを みる。
　③ほそい (かわ)で つりを する。
　④(かわ)かみから (かわ)しもに ながれる。

[1-2]
二 ①うんどうじょうを (に) しゅうする。
　②十一を (に) で わる。
　③うちの (ふたご)は わたしの いとこです。

土 ①(つち)を ほる。
　②ねこが (つち)で あそんで いる。
　③ひろい (ど)ちを たがやす。

火 ①ろうそくに (ひ)を つける。
　②地きゅうは (か)せいだ。
　③(ひ)を たいて ごはんを たく。

水 ①はなに (みず)を あげる。
　②(すい)えいに (みず)を 入れる。
　③(みず)どりが およいで いる。

[1-3]
三 ①こむぎこを (み)つ ぶに わける。
　②さんりんしゃを (さん)台 買う。
　③(みっ)か まえは ひまでした。

田 ①(た)んぼで いねを かる。
　②(た)ばたを たがやす しごとだ。
　③ゆう(ひ)で (た)うえを する。

力 ①おすもうさんは (ちから)もちだ。
　②し(りょく)けんさを する。
　③力(りき)の つよい牛。

男 ①(おとこ)の子が うまれる。
　②(だん)しの なかまが あつまる。
　③そろえ (なん)の しゅうがくしゃが 多い。

[1-4]
四 ①(し)がつから (し)ちがつまで ある。
　②七えん (よん)こ 五円だ。
　③あめを (よっ)つずつ くばる。

犬 ①かわいい (いぬ)が およいで いる。
　②(いぬ)が (いぬ)ごやに 入る。
　③あいけん(けん)は かしこい。

貝 ①(かい)がらを ひろう。
　②(かい)も (かい)も (かい)の なかまだ。

③「(かい)」と「(み)」は おなじ かんじだ。

虫 ①(むし)が (むし)を くわえる。
　②りんと (ちゅう)がくが しんがくする。
　③こんちゅうの (こん)が あそ(まし)だ。

[1-5]
五 ①うしさん (ご)つ つぎる。
　②おさらに (ご)つ にくまんだ。
　③ (ご)が つ (い)つ先は ごがつ三日だ。

石 ①ひ (いし)を ひろう。
　②ダイヤモンドは タカナ十カラットの (せき)だ。
　③じ (しゃく)を こうばんに しく。

竹 ①(たけ)の こを 食べる。
　②(たけ)うまに のる。
　③(ちく)わを たべる。

音 ①かねの 音しらべを する。
　②(おと)がしの くるさまを する。
　③わらうな ピアノの (ね)いろ。

[1-6]
六 ①あに (ろく)で (つき)の むすめだ。
　②かなぶんむしが (ろっ)ぴき いる。
　③(ろく)がつ (むい)かは むすめの たんじょう日だ。

子 ①ちいさな (こ)ねこが 大がい (こ)に なる。
　②たく (し)と てん (し)に わかれる。
　③うまの せつ (し)を もちいする。

字 ①あん (じ)の べんきょうを する。
　②きれい (じ)を かく。
　③メートル などの (じ)を つく。

学 ①(がく) (きゅう) の せつに あかりを つける。
　②ほん (がく) ある時代が はじまる。
　③ぜんりょうは (きゅう)だ。

[1-7]
七 ①まめを (なな)つ くばる。
　②まどから (なな)つ 月の ひかりが みえる。
　③アプリで (しち)から つながる。
　④(しち)がつ (なの)かは たなばただ。

上 ①ひと (うえ)の かいだんは きけんだ。
　②にかいく (あ)がる。
　③ひとの 上 (じょう)に (のぼ)る。
　④まるめるで (うえ)な 男だ。

下 ①(した)を みながら かいだんを (お)りる。
　②ふかぶかと こうべを (げ)こうだ。
　③この ふじ (くだ)り ますか。
　④かわらべを (くだ)にちや (か)して こい。

[1-8]
八 ①みかんを (はち) つ くばる。
　②(はち)や (よう)か に はなおだからが ある。
　③(や)おやさんで だいこんを 買う。

町 ①(ちょう)こそ (まち)に する。
　②(まち)の まつりに あつまる家が ある。

村 ①（むら）びとは みんな しんせつだ。
　②（むら）じゅうの ひとが あつまる。
　③（そん）ちょうに あう。

本 ①（ほん）きで（ほん）よみの れんしゅうを した。
　②に（ほん）は しまぐにです。
　③えほ（ほん）の えほんと この（ほん）の あかえほん。

[1-9]

九 ①やきゅうは（きゅう）にんで チームを つくる。
　②（く）を かぞえる。
　③（く）がつの きのうは きゅうのひとつです。

赤 ①（あか）い おりがみで せんを おる。
　②かおを（あか）くする。
　③（せき）はんを たく。

青 ①そらが（あお）い。
　②みずうみは（あお）の なかまです。
　③しくぜんは（せい）ねんに あう。

白 ①（しろ）い うさぎを かう。
　②せかいちず（はく）ぶつかんを みる。
　③おばあちゃんの（しら）が みつけた。

[1-10]

十 ①（じゅう）にんが いつに（じゅう）にんある。
　②（と）かりは かぞえやすい。
　③あめを（と）り あつめた[（じゅっ）こあつめる]。

百 ①おとうれは（ひゃく）しょうです。
　②（ひゃく）にんりょうの ひとが きえ。
　③おつはは その（ひゃく）えんです。

千 ①せんえんで（せん）にんれつに うまれ。
　②ねく（せん）え せんうた。
　③（ち）よがみで しゅを おる。

金 ①ちょ（きん）ばりに お（かね）を いれる。
　②（せい）がねで じとまを つくった。
　③（かね）あみで おおもあを やく。

[1-11]

小 ①（ちい）さな はなが さいて いる。
　②（こ）とりが なく。
　③（お）がわが ながれて いる。
　④ラジオ寺 でんわい しこおた（しょう）がせい。

中 ①まりを あけて（なか）を みる。
　②まちの まん（なか）に こうえんが ある。
　③あさ（ちゅう）に しあげます。
　④（しゅう）としく しょだくを する。

大 ①（おお）が はしりぐちで はなす。
　②うちわが（だい）すきです。
　③おなじで（おお）あらいを した。
　④なおびの（だい）からが ある。

[1-12]

木 ①にわに（き）で つくった いすだ。
　②（あく）すると ちよかわれは おくがべ。
　③えだ（ぼく）の つくえに あります。
　④（ぼ）かげで やすむ。

林 ①（はやし）の かわを せんぽする。
　②あかば（はやし）に すすが ろう。
　③アカスの がた（つ）を だくて する。
　④ひ（りん）でだけつが とれます。

森 ①（もり）の なかを あるく。
　②おお（もり）けすで じだ ぞくりりつです。
　③おおりばは「（もり）のすかれ」を ったが。
　④（しん）らなくくを。

[1-13]

日 ①あれには（にち）ちょうびだ。
　②せやおおしい（ひ）の だを みだ。
　③まう（にち）え（ひ）の みを かく。
　④きゅう（じつ）は おおあが やみです。

月 ①お（つき）さぬ。
　②（げつ）よにもで さんじかいから ある くに。
　③し（がつ）に えんから はひるだ。
　④でくせは みか うや（つき）が だに ある。

年 ①うち（ねん）にきりの ぎょうじだ。
　②あう（ねつ）は せん れんさに せある。
　③（ねん）かずがうだ。
　④お（とし）だまを あらう。

[1-14]

口 ①（くち）を あえる。
　②うち（くち）から せうで で（くち）から だる。
　③にほるの じんこ（こう）は ちおぺくださあも おおい。

目 ①（め）くすうを ほだる。
　②（め）たまやきを つくる。
　③こうつう（もく）ひやうつ だばり。

耳 ①（みみ）を すましたべ。
　②カコ このニースは（みみ）が いたい。
　③（みみ）が うらぎの じつが はこく。

足 ①うまの（あし）おとを あらけ。
　②て（あし）に つい しゅさじを する。
　③（た）しさんの ほたあだらを する。

[1-15]

夕 ①（ゆう）やけが きれん きれいだ。
　②（ゆう）が しおう。
　③（ゆう）ごはんで おかあ あでした。

名 ①あるちの（な）まえを かく。
　②（な）ふだに さきてでを かく。
　③なぼびの（め）がいる。

花 ①（か）だくち（はな）の だねを まく。
　②（せん）びを つうあけ。
　③もしか（か）かへんを せんこ。

草 ①（くさ）かで あぞぶ。
　②おり（そう）を ぬく。
　③ぼうさく（そう）を しみる。

[1-16]
人 ①７にんで（はい）る。
② 三十人を こえる（ひと）。
③ おとこ（ひと）にみちをきく。
④（にゅう）がくしきでうたをうたう。

出 ①りょこうに（で）る。
②（で）ぐちをさがす。
③せんせいが（しゅつ）せきした。
④ あめのなかがい（しゅつ）をした。

手 ①すきな（て）でうちを かく。
② ふく（て）が たりない。
③ しゅくだいあく（しゅ）をする。
④ とが とちゃ（て）に かけた。

[1-17]
右 ①みっつの（みぎ）がわをあるく。
② せんろを（みぎ）にまがる。
③ の字のりょうてんぶん（う）せつする。

左 ①（ひだり）のあしで ボールを ける。
②（ひだり）うで（ひだり）あしをかぶす。
③ ぼくたちの かな（さ）ゆうする。

立 ①かおをあげて（た）つ。
② いすが とぶ（た）った。
③ せっきょく を（り）してあらわれした。

見 ①やまが（み）える。
②（み）はらをな（み）せる。
③ りょこうの けん（けん）がくをする。

[1-18]
正 ①（ただ）しい こたえを かく。
② しせいを（ただ）す。
③ お（しょう）がつには おもらに行く。
④ クイズに（せい）かいする。
⑤（しょう）こたえに せいさいす。
⑥（しょう）に（せい）めいの なまえを。

生 ①ちょうちょが（い）きる。
② あかちゃんが（う）まれる。
③ しあわせな（せい）かつをおくる。
④ くさが（は）える。
⑤ い（しょう）のおうじに なる。
⑥（せい）せい（せい）りの（せい）がくこ。

[1-19]
天 ①（てん）きよほうをみる。
②（てん）こうがよわる。
③ あのひとは（てん）さいだ。
④（あま）のがわがはしっている。

空 ①（そら）を みあげて（くう）きをする。
② ひと（くら）になっているがへる。
③ うさぎは（あ）きかんをする。
④ せいの なかは（から）っぽだ。

雨 ①（あめ）が ふりはじめる。
② おお（あめ）が ふる。
③（あまがさ）を わすれる。
④ たくさんは（う）てんつづき えんそうです。

[1-20]
田 ①りょかん（え）だをあるく。
② コスモスの（えだ）を かく。
③ うみまで（えだ）ぞいで せつ。
④（た）うえのおれいのせる。

玉 ①（たま）いれをする。
②（たま）ころがしをさためる。
③ けん（たま）であそぶ。

草 ①（くさ）から おきる。
② じく（さ）に のる。
③（しき）りに（くさ）を とめる。
④ おきぎょくが（しき）がせけりに かた。
⑤ かい（くさ）が あきの。

[1-21]
人 ①えがお（ひと）と なる。
② じっとする（ひと）あつわ れ（にん）です。
③（にん）すうを かぞえる。
④ にほん（じん）と アメリカ（じん）。
⑤ ひと（り）でくらしを つづける。

女 ①ううきは かたみのそら（おんな）のこだ。
② イギリスの（じょ）おう。
③（じょ）ゆうに だんしに おがれる。
④ とゆうの（め）かみを まつる。

王 ①（おう）さまのあたりに したがう。
②（おう）じと ひめに じゃる。
③（おう）かんを つける。

[1-22]
休 ①なっ（やす）みに うみがに いく。
② からだを（やす）める。
③（あさ）けさにかんに ひと（やす）み。
④ がりつけは だちちのあた（きゅう）したです。

文 ①ぶん（ぶん）を かく。
② じゅうじがつちすのは（ぶん）かのひだ。
③（ぶん）くを いう。
④（ぶ）ていを まなぶ。

校 ①しょうがっ（こう）に かよう。
②（こう）ちょうせんせいに あいさつする。
③（こう）かを うたう。
④（こう）ていで しものぼうを した。

[1-23]
先 ①（せん）せいの せんたしを きく。
②（せん）ぷくを あらめる。
③ ゆび（さき）に けがをした。

糸 ①はりに（いと）を とおす。
② と（いと）で マフラーを あむ。
③ おかしい せん（し）だまな のせる。

早 ①（はや）ね（はや）おきをする。
②（はや）くだ ようよりによりせんべん。

③（元）気にあいさつをする。
気 ①くう（気）がよごれ（て）あわが立つ。
　②あしたの天（気）はせいだす。
　③かぜやむ（け）がする。

漢字の読みかえ 2年

[2-1]
古 ①（ふる）い おしろに 行く。
　②（ふる）い しんぶんを まとめる。
　③あたら（り）の しゃしんを とる。
　④（り）だうしんの ピアノを ひく。
新 ①（あたら）しい ランドセルを せおう。
　②（しん）がきが せまる。
　③（しん）ねんを もつ。
　④（にい）がたけん の おおきな おとしより。
今 ①（いま） どこに あるか わかる。
　②（こん）や おそく ねます。
　③（きょう）は にちようびだ。
　④（ここ）ち よく かぜが ふく。

[2-2]
言 ①おれいを（い）う。
　②ひとり（ごと）を（い）う。
　③ぶ（ごと）を さだめる。
　④にほんごは だいかいの ほう（げん）が ある。
話 ①おやに でんわが（はな）せる。
　②あいての（はなし）を よくきく。
　③おかあさんの（わ）を する。
　④とも の くみあわせを する。
読 ①ほんを（よ）む。
　②せんもんしょを おく（どく）する。
　③くりかえし（どく）しょを する。
　④あたら しく（どく）しょを だけ。

[2-3]
週 ①ひる（しゅう）ぶんを ふく。
　②ひる（しゅう）かんは なのかだ。
　③（しゅう）まつは あがら しい。
　④（しゅう）かんしょ。
曜 ①きのうは か（よう）びだ。
　②らいしゅうの ど（よう）に あそびにきます。
　③きょうは なく（よう）びだが。
　④にち（よう）だけで ちずを つくる。
用 ①さんすうの（よう）が ある。
　②もちる（よう）い しますだ。
　③ひの（よう）じん。
　④あたらしい ばうりょ（よう）い。

[2-4]
東 ①（がん）きせに うえき だし。
　②（とう）ほくちほうに ゆきが ふる。
　③（とう）ぬうに かがが あれして いる。

西 ①（ぼうしゅう）（にし）に しずむ。
　②かん（さい）べんを はなします。
　③（せい）ようせは ヨーロッパの くにぐにだ。
南 ①えきの（みなみ）がわに こうばんが ある。
　②こうくいりかが（なん）ぼくに せまう。
　③（なん）きょくを たんけんする。
北 ①（きた）かぜが ふく。
　②とうかが（ほく）に むかう。
　③（ほく）かいどうの まちからに ゆきがふる。

[2-5]
春 ①（はる）の ひかりが あたたかい。
　②（はる）やすみに ともを さそうする。
　③（しゅん）ぶんの ひも せつがっだ。
夏 ①（なつ）やすみが たのしみだ。
　②しょ（か）しゅうだろう。
　③（げ）しは ひるが ながく よるが みじかい。
秋 ①コスモスは（あき）に さきます。
　②くだもは（しゅう）ぶんの あきがある。
　③（あき）だけは ずぐんがくきでに。
冬 ①（ふゆ）やすみに スキーを した。
　②かぜを（とう）ざい さする。
　③（とう）ききたんを ひらかれる。

[2-6]
太 ①ほねが（ふと）くて しっかりだ。
　②ちらんが だいぶ（ふと）くて がかる。
　③のりかを まき（た）を おこす。
　④（たい）りよう たんき。
細 ①（ほそ）い みちを あるく。
　②ぬを（ほそ）める。
　③ねばを（こま）かく きざれる。
　④（さい）ぼうが ぶんれつする。
毛 ①かみの（け）を とく。
　②まゆ（げ）と まつ（げ）。
　③（もう）ふを かける。
　④う（もう）が ふとんは かるい。

[2-7]
心 ①（ここ）から おれいを 言う。
　②けんぶぶ あうれんを（ここ）がけ る。
　③まいにちが（しん）ぽうだす。
　④からだに かく（しん）が ある。
思 ①つよく（おも）う。
　②（おも）いやりを もつ。
　③（おも）いつきが たでかで しまう。
　④ふ（し）ぎな ことが あった。
楽 ①あいうえうびが（たの）しみだ。
　②（たの）しく おく（がく）を ながす。
　③（がく）きを ならす。
　④さずに すなれる からだが（らく）に なった。

[2-8]
多 ①ひとが（おお）い。

② この まど(窓) くもりが ある。
③ (だ) しずかの ちからが ある。

少 ①こいつの つきが あめが (すく) ない。
　②コアツに (すこ) しだけ 水を いれた。
　❸(しょう) りょうに へんかする。

歩 ①(ほ) どうを (ある) く。
　②こうえんを さんぽ(歩) する。
　❸あたらしい みちを (あゆ) む。

支 ①うえの きもちを (し) じ する。
　②いぬが (し) だす。
　❸じきゅう(を) に しゅうぶんする。

[2-9]
寺 ①あの おくに ふるい (てら) が ある。
　②お(てら) の かねを ならす。
　③お(てら) に りっぱのえがある。
　❹インドの (じ) いんに いく。

時 ①今は せんじの (じ) こくだ。
　②(と) かくを だきしめに つかう。
　③せいけんちきに (と) かく ある。
　④すな(とけい) さかって なんぶんを はがる。

自 ①(じ) ぶんの たまえをう。
　②(じ) ぶんからつくえを かう。
　③(じ) せんをださなしにする。
　❹みずから かんがえて こうどうする。

[2-10]
前 ①(まえ) のひのまなをする。
　②うしろに (まえ) にかわる。
　③こ (ぜん) せいしに うえた。
　④(ぜん) から のあとをきく。

後 ①(ご) ごの ほうに する。
　②あしの こぎきを また (のち) くやしみです。
　③(こう) せんちをとつぎたする。
　④しゅく (ご) の デザートを だす。
　⑤(あと) まわしする。

午 ①きょう (ご) は ひるいて どきりつの ことだ。
　②(ご) ごには あめが あがる。
　③(ご) せんかとう がくるに いく。

[2-11]
牛 ①ぼくじょうに (うし) が ある。
　②こ (うし) が うまれる。
　③ますの (ぎゅう) にゅうを のむ。
　④カレーに (ぎゅう) にくを いれる。

馬 ①(うま) に えがかのに のる。
　②だけ (うま) や ちがか。
　③(ば) しゃが はしる。
　④しゃん (ば) の れんしゅう。

魚 ①(ぎょか) がっこと (ぎょか) を かう。
　②うみで (さかな) を つる。
　❸(うお) が きれいで ある。
　❹「にく (ぎょ)いれ」の えほんを よむ。

[2-12]
鳥 ①こ (とり) が にげる。
　②うくメは おおぎ (とり) だ。
　③はく (ちょう) が うみで うごく。
　④にわとりは (とり) の なかま。

鳴 ①じべんが (な) る。
　②おおきな おおきい (な) らす。
　③つしの (な) きごえが きこえる。
　❹か (めい) を あげる。

羽 ①とりが (はね) を ひろげる。
　②せくりきりが きれいな (はね) を する。
　❸つる (ば) おる。
　❹ダイエンドナイルは (う) うが せるしたら。

[2-13]
内 ①せいの (うち) がわに かおを せる。
　②ろうやは (うち) がわ せるシくです。
　❸こう (ない) の さんじを する。
　❹みなまく (ない) を する。

外 ①うえの (そと) に だす。
　②(がい) こくに いく。
　③よ(そ)入を (はず) す。
　❹あきがら おおさか (ほか) さかこし。

肉 ①べんとうに よい きん (にく) を つける。
　②カレーは ぎゅう(にく)を ぶた(にく)を いれる。
　③(にく) やさんに コロッケを かう。
　④うめの あにきは (にく) さきうが ある。

[2-14]
買 ①ぬいぐるみを (か) う。
　②スーパーで (か) いものを する。
　❸しなもので きの (ばい) する。
　❹ひんから とんとく (ばい) しつする。

売 ①くだものを (う) る。
　②(う) りあげが のびる。
　③あたらしい ほんを はつ (ばい) する。
　❹(ばい) てんで かくを かう。

店 ①お (みせ) を てつだいことを する。
　②(みせ) さきに だす。
　❸コンビニは (てん) がいに ある。
　❹しょうい (てん) に きゅうぶくを する。

[2-15]
父 ①(ちち) の くつを せんたくだ。
　②(ちち) と せまに かくをする。
　③お (とう) さんの かおを えがく。
　❹そ (ふ) の うちに いく。

母 ①(はは) のひに カーネーションを おだす。
　②きょうは お (かあ) さんの たんじょうびです。
　③ふるきの ぼく (ほ) と ぶさし。
　④そ (ぼ) は おかあさんの ことだす。

親 ①(おや) こで ケーキに いく。
　②(おや) ゆびの つめを きる。

185

③(いもうと)の めんどうを みる。
④(いもうと)と いっしょに がっこうへ かよう。

[2-16]
妹 ①(いもうと)の めんどうを みる。
②あねと (いもうと)は なかが よい。
③(いもうと)は まだ おさないです。
④なかの(いい いもうと)。

姉 ①(あね)の つくえは うつくしいです。
②(あね)と あには だいがくせいだ。
③お(ねえ)さんと かものに いく。
④わたしは さんにん きょうだいです。

市 ①(いち)ばで しんせんな さかなを かう。
②あさ(いち)に リンゴなどが ならぶ。
③(し)やくしょに ようじが ある。
④せんきょで (し)ちょうを えらぶ。

[2-17]
弟 ①(おとうと)が うまれる。
②ちちの (おとうと)のことを「おじ」といいます。
③ジュースを きょうだい (で)わける。
④(てい)しを する。

兄 ①わたしの (あに)は せが たかい。
②よそから (あに)が くる。
③お(にい)さんと きゅうかが せつです。
④わたしの かぞくは さんにん (きょう)だいです。

友 ①(とも)だちと あそぶ。
②ぼくは よく (ゆう)が いる。
③(ゆう)じんたちと たびを する。
④かしの (ゆう)じんです。

[2-18]
行 ①がっこうに (い)く。
②つぎの (ぎょう)に なまえを かく。
③みなと かながわと ただしい (こう)どうを する。

来 ①たべ物の ひが (く)る。
②(らい)しゅう かいこうします。
③(らい)ねん わたしは ちゅうがくせいに なる。

帰 ①いそがしいので うちに (かえ)る。
②ひ (がえ)りで りょこうに いく。
③せなかに (き)たくした。

止 ①くるまが (と)まる。
②けんかを (と)める。
③おまつりが あるので ちゅう(し)に なる。

[2-19]
近 ①(ちか)くに こうえんが ある。
②(ちか)みちを みつけた。
③(きん)じょの うめが ほえる。

遠 ①(とお)まわりして かえる。
②あすは (えん)そくです。
③ぼう(えん)きょうで (とお)くを みる。

道 ①(みち)ばたに ほうかが はえる。
②まっ (みち)を した。

③(ふう)か ふいてる。
通 ①(つう)がく する。
②(つう)が ぶくろを とる。
③にんぎょが (かよ)う。

[2-20]
家 ①(いえ)に かぎを かけよ。
②うちは みんな (か)ぞくです。
③(や)ぬしと せつく。
④わが あたらしの (か)ぞくに なった。

室 ①きょう(しつ)に はいる。
②(しつ)おくが だかいので まどを あけた。
③(しつ)ないで ほんを よむ。
④この ホテルは ぎんい(しつ)です。

戸 ①(と)だなに しめまいを しまった。
②あまり(と)を しめた。
③(こ)せきを しらべる。
④じゅうたくち (こ)(と)にく。

[2-21]
黒 ①(くろ)い さいふきで なまえを かく。
②まっ(くろ)に ひやけした。
③(こく)ばんを けす。
④(くろ)で ぬりつぶす。

黄 ①(き)いろの くつしたを はく。
②だきゅうを (き)あい こめて おう。
③(き)があるつの ケチャツに する。
④だんばりの なかは お (おう)こんだ。

茶 ①お (ちゃ)を のむ。
②お (ちゃ)わんを あらう。
③(ちゃ)ばりで ぬる。
④(ちゃ)ばだけで (ちゃ)つぎを する。

[2-22]
明 ①(あか)ならくな。
②よが (あ)ける。
③てらめいに せつ(めい)する。
④みんか あたしに しゅけします。

光 ①ほしが (ひか)る。
②つきの (ひかり)が さちを てらす。
③にっ(こう)が まぶしい。
④かんこう かん(こう)する。

電 ①(でん)きを けしなさい。
②(でん)きゅうが きれた。
③(でん)けんを うる。
④かん(でん)も する。

[2-23]
答 ①しつもんに (こた)える。
②(こた)あわせを する。
③から (いい)を ありあげる。
④(とう)あんようしに かく。

合 ①くつろの ピースが ぴったり (あ)う。
②あちらの うちくに (あ)わせる。

③（りつ）けを けっせきする。
④おんがくで（が）っしゅうがっきそうをした。
会 ①しゅだんと（あ）う。
②たのしく（あ）う。
③クラスで おおれ（あ）いをする。
④おおぜい（あつ）まって つどう。

[2-24]
丸 ①こくばんの（まる）つけをする。
②（まる）い かたちに ならぶ。
③かみを（まる）める。
④だん（がん）が とんでくる。

角 ①さん（かく）と し（かく）の ずけい。
②まち（かど）を しらべる だんたい。
③まがり（かど）で うつにでる。
④トナカイは（つの）がある。

形 ①ほしの（かたち）をした クッキーを やく。
②くまの にく（ぎょう）を プレゼントする。
③せい（けい）の かたちに なおす。
④は とけも おとうさんの（かた）みです。

[2-25]
絵 ①（え）の ぐで かく。
②まうじんに（え）はがきを かく。
③（え）ほんを みて あそぶ。
④（か）が を かくしゅする。

画 ①（が）ようしに えを かく。
②（が）びょうで とめる。
③じっきの べん（が）を みた。
④じ（かく）の かくすを かく。

色 ①（いろ）えんぴつで けっする。
②かお（いろ）が よい。
③じきゃくし（しき）の えはがきを しらべる。
④まうきな け（しき）を みる。

[2-26]
記 ①まうほんに こう（き）を かく。
②がっこうの せいきつの（き）ろく。
③くうを あん（き）する。
④あつい（き）じきくじを し（き）す。

語 ①こく（ご）の くぎょうをする。
②ごつう べん（ご）の じぎくです。
③しゅうだんで（かた）しあう。
④みんなの まえで（かた）る。

国 ①せかいには たくさんの（くに）がある。
②ぼくは まちが うまれた ひの（くに）です。
③（こく）ばんを きれいに するとうばん。
④がっこう みんなに せんしんれる。

[2-27]
算 ①（さん）すうの じゅぎょうをする。
②けけ（さん）を ならう。
③ひき（さん）で けい（さん）する。
④あん（さん）で けい（さん）をする。

数 ①ちうせうの なから かずを（かぞ）える。
②むしの（かず）だけ あめを だくさん。
③れん（すう）が いっぱいです。
④だ（すう）けつで きめる。

計 ①（けい）さんを する。
②めきましど（けい）の おとに おきた。
③おとうさんの（けい）かくを だく。
④（けい）しゅうちいたで あさの あいさを はめる。

[2-28]
理 ①（り）かの じゅぎょうを しした。
②（り）ゆうを だすする。
③テストの しけん（り）を しゅうする。
④せい（り）せいとんをする。

科 ①せきう（か）し じゅうを おす。
②せらうが（か）で まうの だくけんをする。
③えきえんど（か）が かんくに とうびう。
④が（か）で あのけんをする。

社 ①あにせ（しゃ）からがが とうどく。
②がら（しゃ）の（しゃ）せんに のる。
③（しゃ）うくに あけうながを せんしん。
④しく（しゃ）で おりくしを かく。

[2-29]
図 ①（ず）こうにて えを かく。
②ちえ（ず）を みながら べんきょう。
③（ず）しじうの せつとうするる。
④（ず）けいを えがく。

工 ①（こう）じょうで はたらく。[（こう）「工」じょうも]
②りりからう す（こう）がある。
③ちうけんう（こう）し がある。
④だい（く）が いえを だてる。

体 ①（からだ）を こうかす。
②じじしかくも（たい）けんだ。
③（たい）おんを はかる。
④しゅくせく たい しくちい いく。

[2-30]
風 ①（かぜ）が ふく。
②（ふう）けがら（ふう）しゃに けいが たがれる。
③かみ（ふう）せん を とばす。
④お（ふう）ろに しよう。

弱 ①ほくは しゃくてんくが（よわ）い。
②おとうしもに（よわ）あじだ。
③ちからを（よわ）めろ。
④きこう（じゃく）を しせいする。

強 ①しゆうだんは つうじうかすが（つよ）い。
②かぜが（つよ）あい。
③べんもうを（つよ）かする。
④（きょう）こくが あらわれた。

[2-31]
刀 ①（かたな）で きる。
②（かたな）を さやに おさめる。

③かみの　け　に　リボン（がみ）を　むすんでいる。
④けんどうの　れんしゅうで（どう）を　つかう。

切　①ナイフで　あかぎれ（き）る。
　　②（き）り　かぶを　うえる。
　　③（き）った　せ　い。
　　④しく（せつ）に　する。

分　①みずが　ふたつに（ぶ）かれる。
　　②ケーキを　みんなで（わ）ける。
　　③あつい　ごはんを（ぶ）んを　だんだんする。
　　④このしごとは（ぶん）り（ぶ）んだ。

〔2-32〕
門　①（もん）を　あける。
　　②こう（もん）で　あいさつを　する。
　　③こうこの（もん）が　みえて　きた。
　　④もん（がく）は　せかくなった。

間　①みんなで　せわの（あいだ）に　する。
　　②ちかく（かん）に　べんきょうを　おえす。
　　③（じかん）は　かかるけこころかねる。
　　④スイッチと　しょうえ（かん）に　かかる。

開　①せきくる　せんしゃいちば（ひ）く。
　　②つだらえお（ひ）リベにかえる。
　　③しく（ぶん）を　せんだつする。
　　④（ひ）けんとスキーをしに。

〔2-33〕
朝　①（あさ）ひをあびる。
　　②（あさ）がおが　さく。
　　③（ちょう）しょくを　つくる。
　　④はや（ちょう）に　おきぬすの。

昼　①しょうぎをかく（ひる）ねる。
　　②（ひる）やすみに（ちゅう）こくする。
　　③（ひる）かれにまきだしする。
　　④（ちゅう）やをとおせだい。

夜　①（よる）にテレビをみる。
　　②（よ）なかに　めがさめる。
　　③（や）こうとんがえるちい。
　　④コンサートは（や）かんだ。

〔2-34〕
雪　①（ゆき）がちらちらふりだした。
　　②お（ゆき）がふりあがって（せつ）げする。
　　③（ゆき）がしっかりせる。
　　④しく（せつ）をみなあげる。

雲　①村からるにくらしい（くも）。
　　②おお（くも）がおおうてくる。
　　③（くも）ゆきがあたらしい。
　　④ひくてものかみから（くも）がみえる。

晴　①きょうは（は）れたす。
　　②くるひもいなるか（せい）だ。
　　③（せい）てんがつづく。
　　④み（は）らしがよう。

〔2-35〕
毎　①（まい）しつうここにくるさに（がれ）う。
　　②（まい）にちせくさいをする。
　　③（まい）んでアクスハハラダーラにた。
　　④（まい）ばんあねみにせる。

海　①（うみ）にあらいでかくえする。
　　②（かい）すいよくにいく。
　　③（かい）べせくだ（かい）くとらした。
　　④わけじょませにくく（かい）にある。

池　①（いけ）でカメをみた。
　　②わがくにちおおなため（いけ）がある。
　　③じ（ちい）がなれる。
　　④でんすう（ちい）はあそるだめる（いけ）のこと。

〔2-36〕
地　①ひからと（ち）をねがす。
　　②（ち）めうんをまなる。
　　③（じ）あんにぬおるにおえ。

場　①せななの（ば）しもをあげる。
　　②ちなん（ば）であそぶ。
　　③うんどう（じょう）にあそびをする。

岩　①（いわ）をわすにのぼる。
　　②おおきな（がん）せき。
　　③（いわ）としきをとおぬすこと　ある。

谷　①（たに）なつにかおがなれている。
　　②のきにやなもたんおの（たに）まがむちらある。
　　③けら（こく）のすぼらしいせしき。

〔2-37〕
顔　①（かお）をあらう。
　　②て（がお）をみせる。
　　③（かお）いろをうかがう。
　　④ドラボールには（かお）おくはセーフ。

頭　①おゆる（あたま）をあらう。
　　②（あたま）かくしてしがれる。
　　③（ず）つうのくすりをのむ。
　　④こころがおおたなせんこ（とう）さを。

首　①キリンは（くび）がながい。
　　②まる（くび）のニキジをみる。
　　③しなりの（しゅ）せはこどれどある。
　　④ひんりとうは（しゅ）どかとる。

〔2-38〕
米　①お（こめ）をとぐ。
　　②てみな（りめ）をとしていてつく。
　　③しく（まい）をせんだいする。

麦　①（むぎ）あきをする。
　　②こ（むぎ）にせいます。
　　③（むぎ）せたはがひかる。

食　①わかく（しょく）を（た）べる。
　　②（しょく）かてにせいよるする。
　　③つみ（く）うをする。

半 ①なまえを（はん）ぶんに する。
　②えんの（はん）ぶんを あげる。
　❸しゅうかんの（なか）ばに なんかい。

[2-39]
作 ①かたちが おもしろい（さく）ひん。
　②（さく）ひんを ならべる。
　③ながら（さく）ぶんを かく。
　❹かんたんな（さ）ぎょうを たのむ。

台 ①（だい）の うえに のる。
　②（だい）どころは しごとばの なかまだ。［「しか
　　ける」じゃない］
　❸（だい）ふうが おおい。
　❹ふ（だい）に たつ。

当 ①たからくじが（あ）たる。
　②あめの まとなかに（あ）たる。
　③りんごかせ せつ（とう）ほどだ。
　❹おくじ（とう）を たべる。

[2-40]
里 ①（さと）うたを うたう。
　②せちがいに（さと）に かえる そだちだ。
　③ふゆ（さと）ばなれた まちから。
　❹ぼく（さと）の つきいたみは おおきい ある。

直 ①ただしい いち（なお）す。
　②（じき）せつ あいに だのむ。
　❸（ただ）ちに しゅっぱつする。
　❹しっ（ちょく）に せいじつで。

何 ①（なに）いろの こせが すきだ。
　②これは（なに）づかすか。
　③うまい（なに）じやま。
　❹てつたが（なん）こ あるか かぞえる。

[2-41]
方 ①かんじの かきじゅん（かた）を しる。
　②おなじ（ほう）こうに かえす。
　③し（ほう）せ（ほう）ざかす。
　❹ゆう（がた）に なる。

京 ①きょうかんを みに（きょう）へ いく。
　②しぶたから とう（きょう）に くらす。
　③とう（きょう）タワーの ほか。
　❹（けい）せんじしゅう をつかえする。

交 ①しらいつの ある（こう）がく。
　②（こう）つうあんぜん。
　❸にもつを あずけてくれる（まじ）る。
　❹せきせちをい（ま）ぜて はなす。

[2-42]
野 ①（の）はらで（や）きゅうを する。
　②はるの（の）の さんぽだ。
　③（や）がいで しやしんを する。

原 ①（はら）の ほうを あるく。
　②の（はら）で おともたちと あそぶ。
　③（げん）いんを かんがえる。

公 ①（こう）えんの すなばに あそぶ。
　②とうさんは（こう）むいんの しごとだ。
　③（こう）くうきを みつける。

園 ①こう（えん）の さんぽに する。
　②ようち（えん）の せい（えん）で あそぶ。
　③かとうぶん（えん）に しゅうしつ かだちる。

[2-43]
回 ①からだを（まわ）して うんどうする。
　②さかけで ふり（かい）って みる。
　③あいと（かい）に しっ うちを しる。
　④りっ（かい）や せっかかい。

星 ①（ほし）ぞらを あおぐ。
　②おほし（ぼし）を あげる。
　❸ほしの（せい）ざは しっかつかだ。
　❹べら（せい）ざぶんせいを する。

引 ①つなを（ひ）く。
　②（ひ）きこもの しゅうだんに して。
　③つなを（ひ）きを した。
　❹ちょおりっせ（いん）こくきが ある。

[2-44]
歌 ①（うた）ごえが ひびく。
　②（か）しゅに なるのが ゆめだ。
　③こえを（か）しょう。

声 ①あるれる（こえ）で はなす。
　②おお（こえ）を だす。
　❸（せい）えんを おくる。

元 ①（げん）きを よく くれんする。
　②（がん）たから やなおす。
　③（がん）じつから 大きくなしけ。

活 ①せっ（かつ）の（く）くせんうを する。
　②おしが（かつ）ふうを はじめる。
　③（かつ）きが ある。

[2-45]
考 ①いい ほうほうを（かんが）える。
　②（かんが）かたとを する。
　③いい（かんが）えを おもいつく。
　❹がかの ろんぶんを かんけい（こう）に する。

教 ①おおむかしの ロマンを（おし）える。
　②（きょう）しつに せむる。
　③（きょう）かるの かたが ある。
　❹せきせちに こうきを（おそ）わる。

書 ①かんじを（か）く。
　②ただしい（か）きしゅんを おぼえる。
　③（しょ）どうを ならう。
　❹じゃかい（しょ）を ひらく。

[2-46]
算 ①すまの ななせを（さん）しが はしる。
　②（さん）すう すぐれを だんだ。
　③（さん）しょきが ならぶだ。
　❹そ（さん）しせんに つけて せおく いく。

189

船 ①(ふね)がゆれる。
　 ②やかた(ぶね)にのる。
　 ③(せん)ちょうがこうかいする。
　 ④りっぱな大きい(せん)がていはくする。
　 ⑤(ふな)たをおおう。

方 ①こう(ほう)へんこうにせっする。
　 ②(ほう)げんをつかう。
　 ③(ほう)ぼうをかけある。

[2-47]
番 ①じゅん(ばん)にならぶ。
　 ②しあいは(ばん)がかり(ばん)です。
　 ③うつ(ばん)を(ばん)こうする。

回 ①おかのうえのふうしゃが(まわ)る。
　 ②いえからこうえんを(まわ)す。
　 ③に(かい)のきょうしつ。

点 ①テストの(てん)すう。
　 ②ふく(てん)をうる。
　 ③ふく(てん)でべんきょうせよ。

寸 ①すん(ぽう)まちがう。
　 ②かれはギターをひく(ぽう)だ。
　 ③(ぽう)ないをせつ゛する。

[2-48]
長 ①(ちょう)えだのかいをきる。
　 ②あさがつけていたのが(ちょう)くなってきた。
　 ③からだが(ちょう)ぴらた。
　 ④べんきょうせんせわせきれい。

広 ①(ひろ)いくうぷっこうじ。
　 ②こうえんを(ひろ)める。
　 ③(ひろ)ぽきゅうする。
　 ④とくぶっ゛(こう)にのる。

高 ①(たか)いきせのつくえからおろす。
　 ②ひょうのうこのが(たか)がる。
　 ③たかみが(たか)まる。
　 ④(こう)おくをだす。

[2-49]
弓 ①(ゆみ)でやをうつ。
　 ②(ゆみ)をひく。
　 ③(ゆみ)なみにする。
　 ④(きゅう)どうをならう。

矢 ①(や)をはなつ。
　 ②(や)じるしのとおりにあるく。
　 ③かんつうした(や)をはられる。
　 ④(や)つぎばやにしつもんする。

知 ①やりかたを(し)る。
　 ②えんじゅうの(お)しらせ。
　 ③(ち)こうをえる。
　 ④ほうだう(ち)くにあたる。

[2-50]
組 ①にねんは よん(くみ)まである。
　 ②うでを(く)む。

③エンジンぶ(ひん)をつくげます。
④(くみ)ぎをてきぷする。

紙 ①(かみ)とえんぴつだ。
② (かみ)ぶくろにじかんをいれる。
③がく(がみ)をせん。
④あつい(し)にをちゅうもんする。

線 ①ほうたの(せん)をひく。
② うちゅう(せん)にならんぐ。
③まきい(せん)をえがく。
④しるし(せん)をひく。

漢字の読みかえ 3年

[3-1]
品 ①ぼしう(しな)ものをかう。
②ひ(しな)をみせる。
③あく(ひん)をほめられる。

物 ①おもい(もの)をひらう。
②に(もつ)をあずける。
③つよい(ぶつ)たいをしゃくしようになった。

具 ①どうぐつ(ぐ)をそろえる。
②りょうりの(ぐ)をかう。
③あたらしいうぐに(ぐ)がときく。

荷 ①おらい(に)をもたせる。
②トラックの(に)だいにのせる。
③にもつのお(に)にのる。

[3-2]
平 ①つぎをならして(たい)らにする。
②(へい)おまきにする。
③せかいの(へい)わがまもる。
④おろしえ(びょう)どうにおける。

等 ①おれたち(とう)しくする。
②ニートをきく(とう)ぶんする。
③じゆう(とう)をあたえる。
④にうーち にろ(とう)に。

和 ①くく(わ)なものながれる。
②にっう(わ)つれの花゛。
③(わ)しつのおくは だたたたつ゛。
④おうする とくぶらる(わ)こさだつ゛。

[3-3]
幸 ①まるにちを(しあわ)せにくらす。
②(しあわ)せをあきねをなる。
③(さちう)いねにだつ゛。
④だいがく だくれに(こう)かぐ。

美 ①(うつく)しいせがかる。
②こころの(うつく)しいこと。
③あのひとは(び)としだ。
④(び)じゅかんにく゛。

真 ①(ま)ここうをこる。
②(ま)なはは あある。

③せんせいは しゅうりょうしきの (じ) を かく。
　④(じ) という じは むずかしい。

[3-4]

畑　①(はたけ) で やさいを そだてる。
　　②(はたけ) に たねを まく。
　　③(はた)けの てにゅうを する。
　　④おおきな (はたけ) を もつ。

庭　①(にわ) に はたけを つくる。
　　②なか(にわ) に はなを うえる。
　　③か(てい) が あんぜんだいいちを する。
　　④こう(てい) で げんきに あそぶ。

農　①(のう)かの ひとが はたけを たがやす。
　　②(のう)ぎょうの べんきょうを する。
　　③(のう)そんを おとずれる。
　　④も(のう)かの やさいを たべる。

[3-5]

葉　①ちょうちょうが (は) を たべる。
　　②こ(は) うらに なまえを つける。
　　③あきは こ(は) が きれいだ。

緑　①(みどり)いろの えのぐを かう。
　　②(りょく)ちゃを のむ。
　　③がっこうは しん(りょく) の きせつだ。

実　①かきの (み) が みのる。
　　②(じつ) に よい かんがえだ。
　　③つぎの (じつ)げんを する。

豆　①(まめ) ごはんの おにぎり。
　　②(とう)ふは だいずから つくられる。
　❸そら(まめ) も あずきも (まめ) の しゅるいだ。

[3-6]

区　①(く)ぎりを つける。
　　②たなの ものを (く)べつする。
　　③も(く) の だんらくに わける。

都　①とうきょうとは にほんの (とかい) と よばれる。
　　②たら(と) この しゅりょうは おおい。
　　③(と)りつが たつ。

県　①じぶんの (けん) を おぼえる。
　　②(けん) つうの いえから いく。
　　③(けん) ちょうを たずねる。

州　①きゅうしゅうで ふじ(しゅう) へ じかける。
　　②ほん(しゅう) は にほんで いちばん おおきな しまだ。
　　③アメリカには たくさんの (しゅう) が ある。

[3-7]

丁　①じゅうしょは り (ちょう)め あらわせば。
　　②とうふを に (ちょう) かう。
　　③ほう (ちょう) を つかって やさいを きる。
　　④にわに むいに ていねいが せつする。

号　①しゅせきばんは り (ごう) とうに なる。
　　②じん (ごう) を まもって おうだんする。
　　③ちょうき (ごう) を おぼえる。
　　④しんごうの (ごう) ひうが くぼられる。

所　①きめられた (ところ) に じかける。
　　②たら (ところ) で あつまりを ひらく。
　　③あそぶば (しょ) を さがす。
　　④きん (じょ) の こうえんを さんぽする。

[3-8]

反　①からだを (そ) らす。
　　②あにへに (はん) する ことが。
　　③(はん) だるの うんどん ごう。

坂　①きゅうな (さか) を のぼる。
　　②(さか) みちを くだる。
　　③くだり (さか) に さしかかる。

板　①(いた) を きって かん (ばん) を つくる。
　　②こく (ばん) に こたえを かく。
　　③いた (ばん) で にくを きる。

返　①おとしものが おうしに (かえ)。
　　②くの (かえ) し どっくる。
　　③おおごえで (へん) じを する。

[3-9]

主　①(おも) な としひょうこうを いう。
　　②あるじ (ぬし) に かえす。
　　③みせの (しゅ) ひとが きやくを あにする。

住　①じゅうしょに (す) む。
　　②(じゅう) しょと なまえを かかれる。
　　③あたの (じゅう) みんが あつまる。

柱　①おおきな (はしら) が ある。
　　②でん (ちゅう) に ぶつかる。
　　③ひ (はしら) が あがる。

注　①おちゃを (そそ) ぐ。
　　②じまえを (ちゅう) うもする。
　　③うせつする くるまは (ちゅう) うする。

[3-10]

君　①(きみ) と ぼくは ともだち。
　　②(きみ) だちの なかまに はいりたい。
　　③やまだ (くん) と りこうさん あそぶ。
　　④おおやまさんの (くん) し。

様　①てがみに だれか (さま) と なまえを かく。
　　②おう (さま) と おひめ (さま) の ものだり。
　　③みんなの (よう) す を うかがう。
　　④みずたまも (よう) の ふくを かおう。

者　①べんきょは にがて (の) だ。
　　②おか (の) だちが あつまる。
　　③さく (しゃ) の きもちを かんがえる。
　　④がく (しゃ) を めざして べんきょうする。

[3-11]

面　①お (めん) を つけて しばい (めん) を かく。
　　②おおあめで (めん) が ぬれる。
　　③せっぽうけるの (めん) せきを あげる。

表　①えの (おもて) に だにを かく。

191

②ぶんしょうだいを式に（表）す。
　③気もちが顔に（表）れる。
　④ヘーーの（表）に名前を書く。
　⑤ケーーの実けんを（表）にする。

昭　①れきしが（昭）わから暗きになる。
　②（昭）わじだいのかそうげん。

陽　①太（陽）がまぶしい。
　②（陽）気せいかくの人。

[3-12]

炭　①（炭）は木からつくられる。
　②（炭）火でさかなをやくたく。
　③せき炭は（炭）するかなのれる。
　④（炭）そうのはったりがみるの。

岸　①（岸）べにせんがねかれる。
　②かりう（岸）にだすいて。
　③海（岸）でからだをあそんだ。
　④（岸）ぺきにだっしたあとがある。

島　①日本にはおおくの（島）がある。
　②この（島）はつりにむとがいい。
　③はく（島）にあるいせきをいく。
　④むじん（島）をたんけんする。

[3-13]

命　①大せつな（命）をまもる。
　②おうさまが（命）れいする。
　③めいれいにしたがって（命）にしたがく。

死　①かじで人がなくなが（死）ぬ。
　②せんに（死）についてはんなし。
　③（死）にものぐるにがぜれる。

血　①けがで（血）がでる。
　②はな（血）がどまる。
　③（血）えきがたがしらくる。

息　①（息）をすったらはきだらする。
　②けつい（息）さん。
　③やっき（息）をとりりばせだくい。

[3-14]

病　①「（病）はから」はことわざた。
　②（病）きははたらきたまかい。
　③（病）いんにおまきない。
　④しゅう（病）ににせいけつ。

院　①びょう（院）のまえきのあまかくにりる。
　②けんのたびににゅう（院）する。
　③（院）ちゃうかくせいにあるたをする。
　④じ（院）をおめる。

医　①いなまえのしか（医）しゃ。
　②（医）しをめざだい。
　③める（医）がしっかりかるせろれかなせる。
　④（医）がかのへだはあれますい。

[3-15]

歯　①ねるまえにも（歯）をみがいた。
　②（歯）いしゃにいく。
　③（歯）ぐるまがまわる。
　④（一）かけんでうもし（歯）がみつかる。

鼻　①うさぎは（鼻）がこい。
　②（鼻）をかむ。
　③（鼻）おがじる。
　④し（鼻）かにかんちき。

指　①（指）にけがをする。
　②おや（指）のつめをきる。
　③かべこの（指）じまつ。
　④ぶがくを（指）きす。

[3-16]

皮　①みかんの（皮）をむく。
　②け（皮）のコートをきる。
　③（皮）ふがあれる。
　④（皮）じきをうねれる。

身　①（身）のまわりをきれいにする。
　②あうしょうかんが（身）につく。
　③（身）ちょうがのびる。
　④（身）ぶんさいたがのる。

服　①けがおせる（服）をきる。
　②あたらしいめがを（服）か。
　③（服）そうをととのえる。
　④くつををのりこなるを（服）かんとし。

[3-17]

投　①ポールを（投）げる。
　②たきょうの（投）しょになる。
　③せかっちを（投）かうする。
　④（投）きゅうれんしゅうをする。

打　①ポールを（打）つ。
　②くぎを（打）っける。
　③つきの（打）しょをかる。
　④たこうを（打）を（打）つしべうる。

受　①ポールを（受）ける。
　②じけんを（受）がる。
　③（受）けんべきょうをする。
　④てをはを（受）てする。

[3-18]

拾　①ポールを（拾）う。
　②ひを（拾）うわする。
　③おちはを（拾）いあつめる。
　④おおぜをなみで（拾）ぐだ。

持　①ポールを（持）つ。
　②ぶんそうの（持）ちかたをかくにする。
　③ハンカチを（持）参する。
　④じを（持）きぞくしつく。

取　①ポールを（取）る。
　②あいての（取）しをする。
　③おきからのあまさいに（取）つる。
　④さんがくだれる（取）るでする。

[3-19]
根 ①はなは（根）から水をすいあげる。
　②あからや（ね）のうえをさがす。
　③やおやでだい（こん）をかう。
　④きゅう（こん）をうえてそだてる。

植 ①にわにはなのなえを（う）える。
　②おおきな木が（う）わっている。
　③（しょく）ぶつえんにいく。
　④（しょく）ぶつのけんきゅうをする。

育 ①あかちゃんを（そだ）てる。
　②げんきに（そだ）つ。
　③そら（いく）だんちがおわれる。
　④いくじできゅう（いく）じかんをまなぶ。

[3-20]
重 ①だい（じゅう）がうちあげられた（おも）くなる。
　②き（ちょう）なおもちをかれにせつめい。
　③（じゅう）だいなじけんがおきる。

軽 ①このにもつは（かる）い。
　②（けい）じどうしゃにのる。
　③き（かる）にくんじをする。

転 ①おおだまを（じん）がす。
　②じてんしゃのうえ（に）してあそぶ。
　③に（てん）しゃのてんとうがから（てん）する。

球 ①まっすぐに（たま）をなげる。
　②ち（きゅう）はまわっている。
　③かだんに（きゅう）こんをうえる。

[3-21]
笛 ①（ふえ）をふくれんしゅうをする。
　②くち（ぶえ）をふく。
　③ふねのき（てき）がきこえる。

筆 ①ふとい（ふで）でせんじをかく。
　②えんぴつで（ひっ）きをかく。
　③（ひつ）じゅんをまもる。

箱 ①（はこ）のなかにおかしをしまう。
　②小（ばこ）にえんぴつをいれる。
　③たから（ばこ）をあける。

第 ①（だい）さんの（だい）えんをひらく。
　②コーヒー（だい）おうになる。
　③し（だい）にりえがおおくなる。

[3-22]
感 ①しあわせを（かん）じる。
　②せんせいに（かん）しゃする。
　③えらい人に（かん）しんした。
　④ゆうな気（かん）がする。

想 ①なつやすみにかぞ（そう）ぞくをかく。
　②（そう）ぞうのえをかく。
　③り（そう）があるんだ。
　④れん（そう）ゲームをする。

意 ①ただしい（い）けんをいう。
　②（い）みをしらべる。
　③あしたの（い）けん。
　④（い）をのぞむ。

[3-23]
苦 ①くちが（くる）しい。
　②（にが）いくすりをのむ。
　③（にが）いかおをかぶる。
　④おもに（く）ろうをかさねる。

薬 ①（くすり）をのんでなおす。
　②め（ぐすり）をさす。
　③ち（ち）をせいに（くすり）にする。
　④か（やく）をまぜてはなびをつくる。

助 ①おぼれたひとを（たす）ける。
　②しごとをてつだって（たす）かった。
　③せんせいの（じょ）しゅをする。
　④きゅう（じょ）にむかう。

[3-24]
駅 ①（えき）できっぷをかう。
　②（えき）まえでじてんしゃにのう。
　③（えき）うらにきんじょをさがす。
　④しゅうの（えき）でおおぜいがおりる。

発 ①じょせいが（はっ）しする。
　②たなをあけて（はっ）けんする。
　③かぜ（ぱつ）がおわるとみんなあまだ。
　④だんじの（はっ）せいをかみするようにする。

着 ①あかいようふくを（き）る。
　②まあかせのせんとうに（つ）く。
　③「あっ、それ、（ちゃく）ちせい」という。
　④じてんしゃが（とうちゃく）する。

[3-25]
悪 ①かぜをひく（わる）くなる。
　②つるの（わる）いやはいけない。
　③（あく）にんをつかまえる。
　④ぜんあくが（あく）かんた。

暗 ①（くら）いよみちをあるく。
　②トンネルのなかはまっ（くら）だった。
　③くくを（あん）きする。
　④（あん）ごうでつうしんする。

悲 ①しんゆうのおれは（かな）しい。
　②（かな）しいじけんをせいがす。
　③（ひ）げきのヒロイン。
　④（ひ）めいをあげる。

[3-26]
落 ①きのみが（お）ちる。
　②（お）ちついてかんがえる。
　③じどうしゃに（らく）がきをする。
　④（らく）かせるからだをかく。

消 ①（け）しゴムで（け）す。
　②ろうそくのひが（き）える。
　③（しょう）ぼうしがせかつ。
　④けがの（しょう）どくをする。

去 ①にもつを (さ) る。
　②(きょ) ねんから ならいはじめる。
　③パソコンの データを (しょ) きょする。
　④か (こ) は かえられない。

[3-27]
宿 ①おじさんの (やど) に とまる。
　②(しゅく) だいを はやめに する。
　③がっ (しゅく) で くんれんする。

客 ①お (きゃく) さまを (きゃく) しつに あんないする。
　②だんたいの (きゃく) を のせる。
　③らい (きゃく) を じどうしゃで むかえる。

館 ①ふるい (やかた) に すむ。
　②しょ (かん) に やくそく つく。
　③こうみん (かん) は えいぎょう (かん) から (かん) する。

階 ①いっ (かい) まで (かい) だんで のぼる。
　②(かい) かに する ひと。
　③おく (かい) を おぼえる。

[3-28]
秒 ①この ぶんは とても (びょう) だ。
　②(びょう) すうを かぞえる。
　③(びょう) どくの けっか おやが きりえた。
　④ひゃくメートルを じゅう (びょう) で はしる。

昔 ①うまい (むかし) を くぐる。
　②(むかし) の ことを ながめる。
　③おお (むかし) まえつらうが ふるい。
　④(むかし) ばなしを かたる ねせあれ。

世 ①(よ) のなかの じじょうを しる。
　②(せ) かいいっしゅうの たびを する。
　③いっかつの (せ) だい する。
　④うまれにつかりの (せる) まだ。

[3-29]
童 ①じ (どう) あるの やくらに なる。
　②(どう) わを よむ。
　③がく (どう) やくに らい。
　④(どう) ようを うたう。

遊 ①こどもらは こうえんで (あそ) ぶ。
　②(あそ) びに ひきながらに いく。
　③(ゆう) えんを のぼりに のる。
　④ケトルの すいちょうを (ゆう) ぐ。

曲 ①ごじゅうの かみを たおに (ま) げる。
　②せっかくを (ま) げる。
　③(きょく) に あわせて おとる。
　④ちずくの ない (きょく) を する。

[3-30]
急 ①(いそ) いで うえに かえる。
　②べんきゃく (いそ) ぐ。
　③(きゅう) に あめが ふった。
　④(きゅう) りつぶつをぶるもの。

速 ①かわの ながれが (はや) い。
　②じてんしゃの スピードが (はや) まる。
　③(そく) りょくを あげる。
　④じぶんを (そく) だんで おく。

運 ①まえに いく (はこ) ぶ。
　②けいかくを (はこ) ぶ。
　③にもつは (うん) びてもらった。
　④りよ (うん) にくを おまかせた。

[3-31]
運 ①にもつを (はこ) ぶ。
　②いじの (うん) が つく。
　③(うん) てんしゃで うちへに いえる。
　④ベスの (うん) てんしゅに なりたい。

送 ①ともだちに にがみを (おく) る。
　②かぞくに (おく) ろれをして つける。
　③じごうほの ほう (そう) を もく きく。
　④ゆう (そう) がさにやれる しばる。

追 ①すどもらを (お) う。
　②いなかまじ (お) いあげらる する。
　③じかんの (つい) かぎを する。
　④おねがが (つい) きしわれる。

[3-32]
勉 ①びなが (べん) きょうする。
　②はなしいいて (べん) きょうする。
　③(べん) がくに はげむ。

習 ①にちえを (なら) う。
　②(しゅう) かんとしていたことを でんきょうする。
　③よしゅうがくに (しゅう) する。

漢 ①ためいこう (かん) じを なさい。
　②(かん) じの つかいかたを まなぶ。
　③ぎけんの (かん) じで かく。

詩 ①あおら (し) を よむ。
　②(し) を つくって (し) しょうに する。
　③じゆうなは (し) じんだ。

[3-33]
研 ①ねかないに つして (けん) きゅうする。
　②なきかのみ つきの (けん) きゅう。
　③(けん) しんしゃに じゆうきせきする。
　④こうくを (けん) まする。

究 ①じぶ (きゅう) はいか せいいい。
　②けんきゅうを しつ (きゅう) する。
　③しっけんを (きゅう) めいする。
　④(きゅう) きょくの せけくくを する。

調 ①うたを (しら) べる。
　②なかみを (ちょう) しの する。
　③だる (ちょう) が おつる がこりを まする。
　④けうかんを にぶ (ちょう) に する。

[3-34]
章 ①かうは うしろ (しょう) に ださせを つけ。
　②だいりつで (しょう) から だみんた (しょう) まで。
　③がうりの じゅ (しょう) を つけ。

題 ①しゅくだいの あと (だい) を とく。
②しゅくだい (だい) を すませてから あそぶ。
③さんすうの (だい) は むずかしい。

問 ①せんせいが かいとう (もん) に くる。
②しつ (もん) の こたえを (と) うえる。
③(と) やから こたえが でない。

帳 ①れんしゅう (ちょう) を かう。
②て (ちょう) に よていを かきこむ。
③おきゃくの つう (ちょう) を きれいに する。

[3-35]
開 ①まどを (あ) けて くうきを いれかえる。
②きょうかしょを (ひら) く。
③みせが (あ) いている。

商 ①にくやの (しょう) ひんを かう。
②(しょう) てんがいを あるく。
③(しょう) ばいが せんじょうする。

屋 ①ほん (や) さんが かいてんする。
②(や) ねの うえの ねこ。
③(おく) じょうから まちを みる。

業 ①きゅう (ぎょう) ちゅうは しずかに する。
②しゅ (ぎょう) が すすむ。
③(しょう) (ぎょう) に ついて がくしゅうを する。

[3-36]
界 ①せ (かい) が りっちして いる。
②うちゅうの おもせ (かい)。
③だいとしの けん (かい) を しる。
④しぜん (かい) の こうぞう。

局 ①ゆうびん (きょく) に かう。
②ゆうびん (きょく) で はがきを だす。
③テレビ (きょく) で かつやく。
④けつ (きょく) だいひょうだかは ちゅうしに なる。

部 ①かれの (ぶ) しつに しんにゅうする。
②うんどう (ぶ) に にゅう (ぶ) する。
③おとうとは せん (ぶ) かいに。
④ほんが たくさん (ぶ) うれる。

[3-37]
役 ①ひとの (やく) に たつ。
②し (やく) しょに でかける。
③しゅ (やく) を してる。
④(やく) めを はたす。

係 ①ないぶとの (かかり) を きめる。
②しょりに (かか) る こと。
③とうこう (がかり) に なる。
④かく (けい) の あつどうに。

員 ①てん (いん) が しんせつです。
②しゃ (いん) しょくに はいる。
③く (いん) から はなしを きく。
④まん (いん) でんしゃに のる。

[3-38]
神 ①(かみ) さまが まつられている。
②め (がみ) さまが あらわれた。
③うつくしい (しん) けい を もつ。
④せいの (しん) しんに そう。

福 ①おしせたん (ふく) をきる。
②りっ (ふく) を おがう。
③おしょうがつに (ふく) ぶくろを かう。
④(ふく) をもしてきた あるい。

礼 ①お (れい) の てがみを おくる。
②(れい) を ただしく する。
③ちゃや (れい) で せんじない きもつ。
④おれいをして (れい) し おしこまう。

[3-39]
守 ①やくそくを (まも) る。
②るすばんを み (まも) る。
③やきゅうの (しゅ) が しう。
④る (す) ばんを ひとりで する。

宮 ①お (みや) まいりを する。
②(みや) おけん (みや) おけんを まきかえる。
③あついはぜ (きゅう) でん に。
❹きゅう (でん) してぎょうを する。

祭 ①れんがらみかりは ひな (まつり) る。
②なつ (まつ) りの ひと まちをさんぽする。
③かみだなを (まつ) る。
④ふんが (れい) に だいじゅうを する。

[3-40]
飲 ①くすりを (の) む。
②(の) みものを ちゅうもんする。
③(みず) いっぱいを (の) でおく。
④(の) しょくものとは いけない。

酒 ①お (さけ) を のむ。
②(さか) やさんの しょうてん。
③あまい しょくよう (しゅ)。
④にほん (しゅ) を のう。

油 ①(あぶら) で うどんを いためる。
②ついある から (あぶら) で。
③(ゆ) せんゆを かう。
④せき (ゆ) を かう。

[3-41]
味 ①つき (あじ) の ほうが からだに いい。
②しお (あじ) の おかしを たべる。
③しょほの う (み) を しょうぐく。
④こまい (み) の かたに あかれる。

皿 ①お (さら) に トーストを のせる。
②(さら) を かたづける。
③おお (さら) に もりつける。
④ていとん (さら) が ある。

配 ①おかしを (くば) る。
②(くば) られた てがみ。

③しんぶんを（はる）だけする。
　④しんぽうを かけない。

[3-42]

登　①みんなで やまに（のぼ）る。
　②（と）ざんを する。
　③…
　④ものがたりの（とう）じょうじんぶつ。

乗　①じてんしゃに（の）る。
　②くるまに ひとを（の）せる。
　③（じょう）きゃく（じょうきゃく）が あわせて にじゅう
　　　にん。
　④かぞくの りょ（こう）けいかく。

起　①じけんが（お）きる。
　②にちようびも（お）きがはやい。
　③（お）こされて すぐに（き）しょうする。
　④きまえを ほかに（き）つける。

[3-43]

両　①（りょう）てに にもつを もつ。
　②（りょう）しんに はなす。
　③でんしゃの なか（りょう）を しらべる。

央　①にっぽんの ちゅう（おう）に ふじさんが ある。
　②まちの ちゅう（おう）ばし に いく。
　③ひろばの ちゅう（おう）に あつまる。

向　①（む）こうの やまの ほうへ（む）く。
　②まえを（む）いて うしろにも ならぶ。
　③かぜの ほう（こう）に（む）かう。

横　①ビルの（よこ）の ながさを はかる。
　②（よこ）がおの しゃしんを とる。
　③（おう）だんほどうを あるく。

[3-44]

深　①やまの なかに（ふか）い いけが ある。
　②すい（しん）は にメートルの ところ。
　③（しん）やまでべんきょうを つづける。

流　①いえの まえに かわが（なが）れている。
　②きゅう（りゅう）すべりを たのしむ。
　③（りゅう）こうの ようふくを かう。

湖　①（みずうみ）で ボートに のる。
　②ちゅうぜんじこは にほんでも おおきい（みずうみ）です。
　③（こ）すいに ひかりが はんしゃする。

泳　①がっこうの プールで（およ）ぐ。
　②ひら（およ）ぎや せ（およ）ぎが できる。
　③すいえいする とき（えい）ほうしきに かわる。

[3-45]

港　①ふねが（みなと）に つく。
　②くう（こう）まで ともだちを むかえる。
　③おおきな（こう）わんの ようすが わかる。

洋　①おおらしい（よう）ふくを きる。
　②（よう）しつで ねむる。
　③たいりくと（よう）は ちきゅう じょうにある。

波　①とおくから（なみ）の おとが きこえる。
　②おおきな なみは（は）が あらあらしい。
　③（は）らんが ある。

米　①（こめ）が ごはんに なる。
　②あめりかの ちず（べい）こくを だす。
　③（びょう）さくの としが つづく。

[3-46]

暑　①（あつ）い ひが つづく。
　②こんどの なつは（あつ）さが だす。
　③（しょ）ちゅうみまいの せがきを だす。
　④あき（しょ）が ちかづく。

寒　①（さむ）い ひが つづく。
　②（さむ）いので うわぎを きる。
　③（かん）けいする。
　④（かん）ちゅうすいえいに さんかする。

度　①おん（ど）けいで おんどを はかる。
　②いち（ど）の ちょくせんに ならぶ。
　③なん（ど）も よびかけ。
　④ちゅうがっこう（ど）の がく（ど）。

[3-47]

勝　①しあいに かつ（か）つ。
　②おおごえで（かち）を つげる。
　③にほんが ゆう（しょう）する。
　④（かつ）てに ひとの ものは さわらない。

負　①しあい（ふ）に まける。
　②こうはいに（ま）けて くやしい。
　③あしを（ま）かす。
　④きまちを（お）う。

練　①こうさくを（れん）する。
　②じっけんを（れん）する。
　③つよい（れん）しゅうを する。
　④ひらがなく（れん）を する。

[3-48]

始　①あたらしい しょうせつが（はじ）まる。
　②はるが おた（はじ）ある。
　③（し）あつやきょうぎが（はじ）まる。
　④しあいから（し）の あいず。

終　①れんしゅうが（お）わる。
　②しゅくだいを（お）える。
　③（しゅう）てんまでに（お）る。
　④どうろの あと（しゅう）か。

全　①ケーキを（ぜん）ぶ たべる。
　②（まった）く しりない。
　③（ぜん）こくを たびする。
　④かん（ぜん）に しあげる。

[3-49]

対　①つくえを（たい）する。
　②つしの（たい）せんあいてが あたる。
　③おや（たい）する かたち。
　④せい（たい）の あいことばを かける。

相　①（あい）てを さがして いる。

196

②（そつ）ぎょう（あん）しょをさがす。
③て（そつ）をみにゆらう。
●ぼくのしゅ（つちょう）にする。

次
①（つぎ）のページをめる。
②ばわりに（つ）うでおおきくみずを。
③（と）からをだしにする。
④ぼくのあ（と）でさがす。

[3-50]

鉄
①（てつ）はさびる。
②（てつ）ぼうでさかあがりのれんしゅうをする。
③ちか（てつ）にのる。
④ちっきんとく（てつ）きょくをえんそうする。

銀
①（ぎん）のスプーンだく。
②（ぎん）こうにおかねをあずける。
③きん（ぎん）どうのメダル。
④（ぎん）こうにかよう。

庫
①しゃ（こ）にくるまをいれる。
②きん（こ）のおかねだす。
③れいぞう（こ）からおちゃをだす。
④そう（こ）にしもつをはこぶ。

[3-51]

氷
①きだめしを（こお）りする。
②（こおり）びえにじが。
③あつい（こおり）かべにとまる。
④（こおり）りのけがれをあびる。

路
①どう（ろ）であそばない。
②しつがく（ろ）にたつ。
③せん（ろ）そいのみちをあるく。
④うえ（ろ）をうごく。

橋
①あたらしい（はし）をかける。
②つり（はし）がゆれる。
③ほしゅう（きょう）をわたる。
④て（きょう）をとおる。

[3-52]

湯
①（ゆ）をわかす。
②（ゆ）げがたつ。
③ねつ（とう）をそそぐ。
④せん（とう）で（ゆ）にかる。

温
①（あたた）かいのみものをのむ。
②ゆぶねにつかって（あたた）まる。
③き（おん）があがる。
④（おん）しつのはなを見る。

有
①あたりにはやがおが（あ）る。
②（あ）りあわせのおかず。
③（ゆう）めあなかしめのサインをもらう。
④（ゆう）りょうのののみのに入る。

[3-53]

代
①ふうはんを（か）わって。
②ち（よ）がつるをおる。
③じ（だい）げきをする。

④やくを（だい）をはらう。

化
①お（ば）けやしきにはいる。
②まつが（ば）ける。
③（か）せきがみつかる。
④がっこうのぶん（か）にさん。

他
①（ほか）のうわぎうつ。[（た）じしょう]
②（ほか）のはんにうつる。[（た）じしょう]
③（た）にんにまかせる。
④（た）にんのひたんをきにつける。

[3-54]

談
①そう（だん）ごとをはなす。
②しゃう（だん）をうてやまる。
③しと（だん）からうでをよせるはだす。

申
①おせんきいに（もう）しげる。
②こゆうめいの（もう）しこみ。
③したんから（もう）しだす。

事
①ぼくとして（こと）をはだす。
②しごとからの（こと）しをする。
③こうきして（と）がおりなれる。

由
①じ（ゆう）けんきうのじかんだいをする。
②えらいだ（ゆう）にをつぐる。
③まるえの（ゆ）らいをしらべる。

[3-55]

決
①けきのさきを（き）める。
②だっつう（け）で（き）までる。
③かだく（け）っとうをする。
④うらわみだくだが（け）ってもない（け）つする。

定
①にはんごいにかけんを（さだ）める。
②きそくのよ（てい）をかく。
③おみせの（てい）きょうがだたたれ。
④（てい）かかけがふあんぶくるせんかく（してい）ををかう。

式
①けつこんの（しき）とそくだんをかく。
②にきがん（しき）にじする。
③ちっ（しき）トイに持らる。
④せる（しき）にさつじようする。

[3-56]

集
①おるばを（あつ）める。
②だっらくかべに（あつ）まる。
③（しゅう）ちゅうちからをふくる。
④（しゅう）けつしてしてらくをたる。

放
①ボールを（ほう）しげる。
②しつかりからとうを（はな）つ。
③（ほう）ちせんくたにらくないに。
④にうりょうをかん（ほう）する。

羊
①ぼくじようで（ひつじ）をぜたてる。
②こ（ひつじ）がうまれる。
③よう（もう）あうのセーターをきる。
④ぼく（よう）けんが（ひつじ）をあつる。

[3-57]

使 ①おおきな かみを (つか)う。
　 ②(つか)う やすい はさみで きる。
　 ③だいくさんを (し)まいする。

仕 ①しゅくだいに (つか)える しりょう。
　 ②おつかいの (し)ごとを する。
　 ③わすれもの (し)あげる。

動 ①じてんしゃが (うご)く。
　 ②うえ むこう かなで みぎ (うご)する。
　 ③(うご)ぶつの (うご)きを かんさつする。

待 ①えきまえで くるまを (ま)つ。
　 ②(ま)ちあわせの じかんに なる。
　 ③きゃくして (ま)つ。

[3-58]

級 ①がっ (きゅう) かいで はなしあう。
　 ②ちこくから りっ (きゅう) を おもけを もらう。
　 ③どうり (きゅう) せいと か (きゅう) せいが あそぶ。

列 ①に (れつ)に せい (れつ) する。
　 ②(れつ) に ならべて (れつ) しゃを まつ。
　 ③にほん (れつ) とうは なんぼくに ほそなが。

倍 ①ぼくの だいすきは おにいさんの (はい) ある。
　 ②なん (ばい) も がんばる。
　 ③こけの (ばい) りが たかい。

族 ①か (ぞく) りょこうを けいかくする。
　 ②しん (ぞく) が あつまる。
　 ③しょ (ぞく) から の しょうかい。

[3-59]

安 ①ほかの みせより ねだんが (やす)い。
　 ②(やす)うっている にくを かう。
　 ③(あん) しんして まかせる。
　 ④(あん)ぜんな みちを あるく。

短 ①(みじか)い ぶんを よむ。
　 ②ひるを (みじか)く きる。
　 ③(たん) じかんで しあげる。
　 ④ちょうしょも (たん)しょも しる。

期 ①(き)だい される。
　 ②にがっ (き)が はじまる。
　 ③じ (き)が はやい。
　 ④えきそくが えん (き)に なる。

[3-60]

整 ①みなりを (ととの)える。
　 ②じゅんが (ととの)う。
　 ③うんどうじょうの なかを (せい) り (せい) とんする。

予 ①(よ) しゅうと かくしゅうを する。
　 ②あしたの てんきを (よ) そうする。
　 ③じかんの (よ) てい が おくれる。

写 ①ノートに ただしく (うつ)す。
　 ②しゃしん (しゃ) しんを とる。
　 ③あらすじを (しゃ) せいする。

委 ①しりょうを (ゆだ)ねる。
　 ②(い) いんちょうに えらばれる。
　 ③ほうそう (い) いんからの れんらくを する。

同じ読み方　1・2・3年

[1-1] き (①木 ②気) か (③火 ④日) せい (⑤生 ⑥正) ひ (⑦火 ⑧日) せん (⑨千 ⑩先) た (⑪田 ⑫立)

[2-1] け (①毛 ②気) く (③九 ④工・米 ⑤食 ⑥組) ご (⑦午 ⑧後 ⑨語・五) う (⑪生 ⑫売)

[2-2] しん (①親・心 ②新 ③森) か (④会 ⑤回 ⑥海・貝) かく (⑦画 ⑧角) きゅう (⑨九 ⑩休) だい (⑪大 ⑫台)

[2-3] ぶん (①文 ②分 ③聞) うし (④牛 ⑤後) ゆう (⑥友 ⑦夕) さい (⑧子 ⑨西) や (⑩野 ⑪矢) ひと (⑫一 ⑬人)

[2-4] こ (①木 ②子 ③小) とう (④冬 ⑤東 ⑥答・当) じょう (⑦上 ⑧場) こく (⑨国 ⑩黒) みょう (⑪名 ⑫明)

[2-5] か (①火 ②科 ③書 ④日 ⑤花・買 ⑥夏 ⑦家 ⑧歌) おお (⑨多 ⑩大) お (⑪小 ⑫下)

[2-6] き (①気 ②木・切 ③汽 ④記 ⑤黄 ⑥聞) しょう (⑦小 ⑧正 ⑨生) よう (⑩用 ⑪人 ⑫曜)

[2-7] あ (①上 ②明 ③会 ④合・当) とお (⑤遠 ⑥通 ⑦十) ひ (⑨日 ⑩火 ⑪引)

[2-8] ち (①地 ②池) めい (③名 ④明) は (⑤生 ⑥晴) た (⑦田 ⑧足 ⑨立・食) どう (⑩同 ⑫道)

[2-9] い (①人 ②行 ③生 ④言) えん (⑤園 ⑥遠・円) しゅう (⑦秋 ⑧週) はな (⑨花 ⑩話) み (⑪三 ⑫見)

[2-10] あか (①赤 ②明) なん (③南 ④何) いち (⑤一 ⑥市) と (⑦土 ⑧図・戸 ⑨止) きょう (⑩京 ⑪教・強 ⑫兄)

[2-11] じ (①時 ②地 ③自・字) ちょう (④長 ⑤鳥 ⑥朝) がく (⑦学 ⑧楽) しゃ (⑨車 ⑩社) てん (⑪天 ⑫点)

[2-12] せい (①正 ②生 ③晴) し (④手・子 ⑤四・紙 ⑥知) さん (⑦三 ⑧算・算) たい (⑨大 ⑩体) あき (⑪秋 ⑫明)

[2-13] せん (①千 ②先 ③船 ④線) な (⑤名 ⑥鳴) こう (⑦校・交 ⑧後 ⑨工・公) げん (⑪元 ⑫原)

[2-14] わ（①話②分）がん（③岩④元）かみ（⑤上・⑥紙）ばい（⑦売⑧買）よ（⑨四・読⑩夜）もん（⑪文⑫門）

[3-1] じゅう（①十②住③重④中）けい（⑤形⑥係⑦軽）と（⑧都⑨登⑩問⑪取）ふく（⑫服⑬福）

[3-2] や（①夜②家③屋）ぜん（④前⑤全）りょく（⑥力⑦緑）ちゅう（⑧中⑨虫⑩注⑪柱）かい（⑫界⑬階⑭開）

[3-3] ひら（①平②開）ど（③土④度）おう（⑤王・王⑥央⑦横）かん（⑧寒・感⑨漢・間⑩館）こと（⑪言⑫事）でん（⑬田⑭電）

[3-4] ひろ（①広②拾）だん（③男④談）びょう（⑤秒⑥病⑦平）ち（⑧千⑨血）ね（⑩根⑪練）ぎょう（⑫形⑬行⑭業）

[3-5] ず（①豆②図）けん（③犬④見⑤間⑥研⑦県）おん（⑧音⑨温）しょ（⑩書⑪所⑫暑）じん（⑬人⑭神）

[3-6] ひ（①皮②悲）いん（③院④員⑤飲）せい（⑥世⑦整）い（⑧医⑨委⑩意）はん（⑪半⑫反）あつ（⑬暑⑭集）

[3-7] よ（①世②代）す（③守④子⑤住）あ（⑥空⑦開）やす（⑧安⑨休）ちょう（⑩町⑪帳⑬丁⑭調）

[3-8] お（①終②起③負④落⑤造）もの（⑥者⑦物）じょ（⑧女・女⑨助）てい（⑩定⑪庭）しゅう（⑫州⑬終⑭習・集）

[3-9] み（①味②実③身）そう（④草⑤送⑥相⑦想）こう（⑧行⑨高⑩向⑪幸⑫港⑬考）

[3-10] こん（①今②根）まる（③円④丸）かた（⑤形⑥方⑦語）じょう（⑧乗⑨定）らく（⑩楽⑪落）しょく（⑫色⑬食⑭植）

[3-11] ごう（①号②合）の（③野④飲⑤乗）はや（⑥早⑦速）たい（⑧台⑨対⑩待⑪代⑫大）きょく（⑬曲⑭局）

[3-12] つ（①都②着③次）じつ（④日⑤実）ほう（⑥方⑦放）おも（⑧主⑨重⑩思）さ（⑪作⑫去⑬下⑭指）

[3-13] そく（①足②息③速）した（④下⑤親）さか（⑥酒⑦坂）しゃ（⑧写⑨者）ま（⑩真⑪間⑫曲⑬負）

[3-14] しょう（①昭②消③章④勝⑤商）ふ（⑥父⑦負）しん（⑧身⑨進⑩深⑪真⑫神）どう（⑬動⑭童）

[3-15] だい（①代②第③題）ゆう（④有⑤遊・由）はな（⑥鼻⑦放）ゆ（⑧由⑨油⑩湯）く（⑪区⑫苦）かわ（⑬川⑭皮）

[3-16] よう（①羊②様③業④陽⑤洋）きん（⑥金⑦近）しゅ（⑧主・手⑨首⑩守⑪酒⑫取）たん（⑬炭⑭短）

[3-17] あん（①安②暗）し（③死④使⑤詩⑥始⑦指⑧目⑨古⑩歯⑪仕）てん（⑫店⑬転）

[3-18] う（①植②受③打）じ（④路⑤次・持⑥事）やく（⑦役⑧薬）もく（⑨木⑩目）こ（⑪去⑫庫⑬湖）

[3-19] き（①消②起③期④着⑤決）はこ（⑥箱⑦運）は（⑧波⑨葉⑩歯・生）か（⑪代・勝⑫化）ばん（⑬番⑭板）

[3-20] に（①二②荷）きゅう（③究④級⑤宮⑥球⑦急）とう（⑧湯⑨高⑩等⑪投・登⑫豆）けつ（⑬血⑭決）

おわりに

　学びにくさやコミュニケーションの苦手さをもつ子どもたちの支援の場として、3年前に一般社団法人 発達支援ルームまなびを設立しました。「楽しく学ぶ。自分の学び方を知る。自尊感情を育てる」ことを目標に、子どもたち一人ひとりの特性に合わせながらアセスメントをもとに独自の教材を作成し支援をしています。

　「まなび」には、漢字が書けない、覚えられないなど「漢字が苦手」な子どもたちが多く通ってきます。その子どもたちに、「これならできそう」「書いてみよう」「書けた」「これならできる」と思えるように個々に合わせた教材を制作してきました。漢字ぎらいで書くことすら、いやな子どもも「これ好きやねん」と言って意欲的に取り組んでくれるようになりました。

　この度、その教材を整理して、今回、漢字に対して苦手さをもつ子どもたちのための教材として1冊目は形を正しくとらえるための「空間認知編」、2冊目は漢字の形に注目した「漢字の形と読み編」、3冊目は漢字の意味を大事にした「漢字の読みと意味編」を発行しました。

　すでに1・2冊目を使っていただいた方から「マス目からはみ出さなくなった」「一回も書かなかった子どもが書くようになった」などの感想をいただいたり、学校では特別な支援の場だけでなく通常の学級でも使っていただいていると聞いています。本シリーズの推薦文に里見恵子先生が『このワークシートは、先生やお母さんが子どもとコミュニケーションをとりながら学ぶところに特徴があります』と書いてくださったように指導者の姿勢や声のかけ方が漢字を好きにさせる大きなカギになります。

　今後も子どもたちが楽しく学べるよう寄り添っていける存在、笑顔で学べるまなびでありたいと願っています。

　3冊目を作成中に一般社団法人 発達支援ルームまなびの代表理事である里見恵子先生が、薬石効なく亡くなりました。設立以来、いろいろアドバイスをいただきながら進めてきたので、偉大な存在を失い無念でなりません。今後は、残された私たちがしっかりと遺志を継いでさらに頑張りたいと思っています。

　最後に、発行にあたりたいへんご尽力いただいたかもがわ出版の中井史絵さんはじめスタッフの方々、教材作りに協力してくれたまなびスタッフの今村裕香さん、里見優介さんに深く感謝いたします。

2017年7月
笘廣みさき・今村佐智子

PROFILE

●笘廣 みさき（TOMAHIRO MISAKI）
一般社団法人　発達支援ルーム　まなび　理事

児童発達支援・放課後等デイサービス・保育所等訪問支援「まなびっこ」保育士・訪問支援員
元小学校教諭、堺市通級指導教室担当／日本LD学会・特別支援教育士スーパーバイザー／学校心理士
・堺市特別支援教育環境整備事業「発達障害児等専門家派遣」「通級指導教室専門家派遣」

[所属学会・研究会]
日本LD学会／S.E.N.Sの会　大阪支部　運営委員／堺LD研究会代表

[主な編著書]
『「子どもの学ぶ力を引き出す」個別指導と教材活用』（共著）、『漢字の基礎を育てる形・音・意味ワークシート①　空間認知編／②漢字の形・読み編／③漢字の読み・意味編／④漢字の形・読み編（4～6年）』（共著）かもがわ出版

●今村　佐智子（IMAMURA SACHIKO）
一般社団法人　発達支援ルーム　まなび　理事

児童発達支援・放課後等デイサービス・保育所等訪問支援「まなびっこ」児童指導員・訪問支援員
元小学校教諭、堺市通級指導教室担当／日本LD学会・特別支援教育士スーパーバイザー／臨床発達心理士
・堺市特別支援教育環境整備事業「発達障害児等専門家派遣」「通級指導教室専門家派遣」
・八尾市教育センター「通級指導教室担当者会講師」「巡回相談員」
・大阪市ペアレント・トレーニング講師

[所属学会・研究会]
日本LD学会／S.E.N.Sの会　大阪支部　運営委員／堺LD研究会副代表

[主な編著書]
『「子どもの学ぶ力を引き出す」個別指導と教材活用』（共著）、『漢字の基礎を育てる形・音・意味ワークシート①　空間認知編／②漢字の形・読み編／③漢字の読み・意味編／④漢字の形・読み編（4～6年）』（共著）かもがわ出版

制作協力スタッフ●今村裕香、里見優介

漢字の基礎を育てる形・音・意味
ワークシート③〈漢字の読み・意味編〉
読みかえ・同じ読み方（1～3年）

2017年7月28日　　第1刷発行
2023年12月9日　　第6刷発行

編　著／©発達支援ルーム　まなび
　　　　笘廣みさき・今村佐智子

発行者／竹村正治

発行所／株式会社　かもがわ出版
　　　　〒602-8119　京都市上京区堀川通出水西入
　　　　☎075(432)2868　FAX 075(432)2869
　　　　振替　01010-5-12436

印　刷／シナノ書籍印刷株式会社

ISBN978-4-7803-0914-0 C0037　　　　　　　　　　　　Printed in Japan

発達支援ルーム　まなび

　発達に偏りがある幼児や児童に対して、アセスメントをもとに個々の特性に配慮した支援をおこないます。また、保護者に対して適切な支援のあり方について助言することも目的としています。

大切にしたいこと
- 楽しく学び、わかる喜びを感じる
- 自分の学び方を知ることで、学ぶ意欲を育てる
- 「わかる」「できる」を積み重ね、自尊感情を高める

事業内容

● 児童発達支援・放課後等デイサービス・保育所等訪問支援　「まなびっこ」

児童発達支援	就学前に身につけておきたいこと（あいさつ、話を聞く、待つ、ルールを守るなど）の支援を目的としています。年齢等に応じて、ペア、小集団での療育をおこないます。
放課後等デイサービス	学習が苦手、一斉指導では学びきれない LD、ADHD、ASD などの子どもたちに対して、その発達や特性に合わせた学習の支援を目的としています。また、ソーシャルスキルトレーニングでは、コミュニケーション能力の向上を目指して、グループでの指導をおこないます。
保育所等訪問支援	保育所や幼稚園・小学校へ訪問し、集団生活の中でのより適切な対応方法や学習方法を一緒に考えていきます。

● ペアレント・トレーニング　／　指導者のための勉強会

● 神戸市総合療育センター　自閉症児自立支援・グループ療育（受託事業）
● 神戸市東部療育センター　自閉症児自立支援（受託事業）

一般社団法人　発達支援ルーム　まなび

〒589-0021　大阪府大阪狭山市今熊 1-11-4
TEL：072-220-8359　FAX：072-220-8359
Email：manabi@zeus.eonet.ne.jp
HP：https://www.manabi-sayama.com

特別支援教育のカード教材

意味からおぼえる 漢字イラストカード

小1〜小6

WHAT's 漢字イラストカード
LDなどの発達障害に多い「漢字が書けない」「書けるけれども細部を間違える」「読めるけれども書けない」といった子どものために開発されたカード教材です。
イラストを使った教材なので、これから漢字を習う子どもの学習にも使用できます。

山田 充●著

1年生・2年生上・2年生下ともに 本体2800円 ／ 3年生 上 下 本体3400円 ／ 4年生〜6年生 本体4800円

文部科学省が規定した教育漢字は、1年生80字、2年生160字、3年生200字あります。このカードは各学年の漢字に対応するため、1年生、2年生上・下が各80枚、3年生上・下は各100枚のカード（A6サイズ：10.5×14.8cm）が専用の箱に入ってます。裏には、書き順、画数、読み、熟語、短文などもあり予習、復習にも便利です。利用のためのアドバイスブック（A5判変型・8ページ）付き。

あそびっくす！まなびっくす！

楽しく学べるコミュニケーション ＆ ソーシャルスキルベーシックゲーム

What's 発達やコミュニケーションに課題をもつ子のために開発された特別支援教育のカード教材。
5種類、計242枚のカードを使って、発達の課題ごとに7つのゲームが楽しめます。

箱のサイズ：187×150×46　本体3800円

安住ゆう子●著

かなかな ぱずル ゲーム

読み書き支援付

山田 充●著　■カードサイズ　たて95×よこ60mm　■箱サイズ　187×150×46mm　本体2800円

聞きとりワークシート

ワーキングメモリーとコミュニケーションの基礎を育てる

コピーしてすぐに使える特別支援教育の教材！

編著 NPOフトゥーロ
LD発達相談センターかながわ

聞きとりワークシートとは？

円滑にコミュニケーションをおこなう上で基本となる「聞いて、覚えて、応じる」ことをクイズやゲーム形式で楽しみながら練習できる特別支援教育の教材です。

読者対象　通級指導教室、特別支援級、通常学級、特別支援学校の先生や園の先生、親御さんなど。

① 言われたことをよく聞こう編

ことばの音や、話の中の単語、キーワードの聞きとりなどについての問題を中心に構成され、5歳くらいから取り組めます。

144ページ／B5判／2014年10月刊
本体1900円＋税

② 大事なところを聞きとろう編

話のポイントの聞きとりやメモの仕方、言われたことの覚え方のコツなどについての問題で構成され、小学校低学年くらいから取り組めます。

190ページ／B5判／2015年2月
本体2200円＋税

③ イメージして聞こう編

会話の中の聞き取りや、省略したりことばでは言っていない部分も考えて聞く問題で構成され、小学校中学年くらいから取り組めます。

216ページ／B5判／2015年4月
本体2200円＋税

この本の特徴

- コピーしてすぐ使えるので、実用的です。
- 基本問題以外にも、指導者がオリジナルで問題を作れるよう工夫されています。
- 著者たちが実際の療育の中で子どもたちに向けて作成、使用してきた実践的な教材です。
- 一対一の個別指導、小グループ、30人程度の通常級などさまざまな規模でおこなうことができ、短いものなら子どもへの実施時間は10分弱、やり取りを広げれば20分前後で実施できます。